서문문고
255

양명학이란 무엇인가
이 민 수 지음

해 제

  '陽明學'이란 곧 陽明 王守仁의 학설이다. 그것은 양명이 역설한 '致良知'에 골자를 둔다. 이 良知라는 것은 사람이 천생으로 타고난 지혜를 말하는데, 이 지혜는 누구나 다 가지고 있기 때문에, 이를 옳게 이루어 놓은 것이 바로 '치량지'이다.

  다음으로 양명이 주장한 것은 '知行合一'이다. 행동을 밝히고 살피는 것이 곧 知요, 지를 진실하고 독실하게 하는 것이 곧 行이라고 하는 것이 '지행합일'의 大要이다. 양명은 다시 '마음이 곧 이치다. 세상에 마음을 벗어난 행동이 있을 수 없고, 마음을 벗어난 이치가 있을 수 없다'고 주장한다.

  그러나 이 짧은 해제에서 그 심원한 학설은 윤곽조차 그릴 수 없고, 오직 이 책자 내용에서 대강 더듬어볼 수만 있다면 그것으로 다행일까 한다.

  〈明史〉王守仁傳에 보면, 수인은 天資가 異敏하여 겨우 17세 때에 明帝(孝宗)와 대화할 수 있었다고 한다. 또 婁一齋를 찾아가서 함께 宋儒의 格物說을 의논했고, 그후 陽明洞에 살면서 宋學(性理學)을 탐구했으나 얻는 바가 없었다. 그러다가 龍場으로 귀양갔을 때, 지난날의 공부를 밑바탕으로 하여 깊이 연구하던 중 갑자기, '마땅히 마음속에 구해야 하고 사물에 구해서는 안 된다'는 이치를 깨달았다고 한다. 그리하여 이로부터 그의 학문은 오로지 '치량지'에 근본을 두기 시작했다고 한다.

그러나 우리나라에서는 이 '양명학'이란 말을 들어보기 쉽지 않은 실정이다. 그것은 지난날 우리나라 학술·사상의 기풍이 尊程·崇朱에만 지나치게 치우쳤던 탓도 있겠지만, 또 한 가지 중요한 원인은 근래 群衆의 趨向이 幽玄한 心學에는 아예 귀도 기울이지 않기 때문일 것이다.

끝으로 '양명학'에 관하여 造詣가 없는 필자로서, 감히 여기에 붓을 든 것은 한편 외람되기 그지없다. 그러나 이 글을 계기로 해서, 앞으로 우리나라에서도 이 방면의 연구가 더욱 활발히 전개되었으면 하는 마음 간절할 뿐이다.

양명학이란 무엇인가

차 례

解 題 ··· 3

제1장 序 說 ··· 9
   1 양명학이란 무엇인가 ··················· 9
   2 동양정신과 유교 ························ 13
   3 양명학의 시대적 의의 ················ 24

제2장 양명의 학설 ······························· 33
   1 心卽理・致良知說 ······················ 33
   2 知行合一說 ······························ 58
   3 格物致知說 ······························ 83
   4 大學問―발본색원론 ··················· 111

제3장 王陽明本傳 ································· 135
   1 생장과 방황 ···························· 135
   2 번뇌와 박해 ···························· 154
   3 生의 躍進 ······························ 164
   4 인격의 완성 ···························· 191

제4장 양명학파의 계보 ························· 207

왕양명 연보 ·· 250

양명학이란 무엇인가

제1장 序 說

1 양명학이란 무엇인가

陽明學은 주지하는 바와 같이 儒學上의 한 주장이다 공자 시대로부터 유교는 전통적인 政教一致를 主旨로 하여 이해되어 왔는데, 양명은 이같은 유교에 대하여 새로운 해석을 가하고, 독창적인 學理를 말하여 일반의 유교에 대한 인식을 일변시켰다. 그리하여 오랫동안 형식적이나 관념적으로 존숭해 오던 유교를, 인간의 피가 통하는 생명 있는 철학으로 바꾸어 놓은 것이 양명학이다.

예전에는 미처 인간의 지혜가 왕성하지 못하고, 성현들이 만들어 놓은 유교의 가르침은 너무 심오하고 고상하여 골고루 일반 민중에게 미치지 못했다. 따라서 전문적으로 이 방면의 철리를 탐구하는 학자들도 자연히 형식적·관념적 경향으로 흐르게 되어, 공자를 지나치게 존숭하여 마치 어느 종교상의 교주와 같이 우상화해 버렸다. 그러니 유교 그 자체를 위해서나 국가 사회를 위하여 하는 일이란 아무것도 없고, 선비들은 오직 왕권정치에 벼슬하기 위해서 유학을 공부하였으니, 이것은 오늘날에 하는 고시공부나 다를 바가 없었다. 일반 민중들은 또 조정에서 하는 대로 본받아 따라 행할 뿐으로, 유교에 대하여 길흉·화복 같은 미신적 관념을 면하지 못했다.

이와 같은 경향은 3國과 6朝 시대를 거쳐 오랫동안 계속되었다. 당시의 유학자들은 문학을 제외하고는 아무것도 하는 일이 없었고, 隋·唐에 들어와서도 학계에서 가장 쟁쟁하다는 王統이나 孔穎達·韓愈 같은 大儒들도 유교를 위해서 어떠한 공헌도 남기지 못하였다.

그러나 宋代 朱子學派의 출현으로 일대 각성기에 들어선 유교는 곧 明代의 王陽明에 의하여 약동하는 생명력을 부여받고 시대의 인심을 크게 일변시켰다. '弟子盈天下'라는 말과 같이, 양명학은 한때 천하를 뒤덮고 다른 모든 학파를 눌렀으며, 그 훌륭한 이상과 기개로써 一世를 風靡하였다.

양명은 중국 명나라 중엽의 대유학자이자 정치가요 武將인 文成公 王守仁의 호다. 그 학설과 사상은 모두 〈傳習錄〉 중에 들어 있다. 그의 학설은 중국의 일반 학자들과 달리 조직적으로 독자적인 체계가 서 있지 않고, 오로지 모든 기회와 청강생들의 수준에 따라서 임기응변으로 말한 것뿐이며, 그의 제자들이 스승의 이러한 語錄을 모아 그의 생전의 書翰·시·奏疏 따위와 함께 찬집한 것이 〈전습록〉이다. 따라서 그가 손수 붓을 들어 자기의 사상을 정리하여 발표한 것은 아무것도 없다. 그 주장이나 학설이 체계적으로 통일이 되어 있지 않고, 막연한 형식적 표준에 따라 수록되어 있는 것은 孔門의 〈논어〉나 매일반이다. 그의 유명한 大學問이나 論學諸書 등의 평론도 제자들과의 문답 형식을 차용한 데에 불과하다. 이것들도 〈전습록〉 중에 있는 글이다.

그러나 모든 학문이 다 그렇듯이, 그의 어록 중에 나타난 주장과 학설은 모두가 그의 일생을 통한 깊은 사색의 결과이며, 진지한 내면적 관찰에서 얻어진 結晶이라고 보아야 한다. 그 요지는 인간의 실재와 도덕, 그리고 우주와 인생의 관계 등등이다. 그는 이러한 사상들을 '致良知', '知行合一', '致知格物' 등의 전통적 유학상의 표현 방법을 빌려 역설하였다. 그가 특히 주력한 것은 우리의 내면적 자각인데, 이는 '心卽理', 즉 마음이 곧 만유의 원리라는 논리를 굳건한 기초로 삼고 있으며, 그의 모든 주장이 이 마음에서 출발한다는 것을 알아야 한다.

양명은 성인이 남긴 六經(易·書·詩·春秋·禮記·樂記, 또는 樂 대신 周禮)까지도 예리하게 분석 비판하지 않고 그대로 둔다면 휴지에 지나지 않게 되리라고 갈파하였다. 이러한 주장은 당시로서는 대담한 선언이 아닐 수 없었다. 따라서 성인의 경전에 대하여 존중하고 信服할 뿐, 그 깊은 뜻을 이해하지 못하고 따르기만 하던 일반 유가들은 당연히 반발하고 비난하였으나, 얼마 후에는 그것마저도 자취를 감추었다. 그리하여 양명학은 한 시대의 역사를 빛내고 다시 각국에 전파되어 그 문화를 일신시켰다.

나는 우리의 학술사를 훑어보고, 양명학파에 대한 언급이 극히 드문 것을 유감으로 생각한다. 우리의 유학자들은 모두 주자학파였다. 그래서 한두 사람이 혹시 양명학과 契合하였다 할지라도, 무슨 邪說이나 이단같이 몰아 '斯文亂賊'이라 하여 탄핵의 대상으로 삼았다 하니, 설혹 뜻을 가지고 있다 할지라도 발표할 수는 없었을 것이다. 더구나 우리나라는 유교의 영향을 가장 강하게 받아들였으면서도 그 문화가 양반 등 상류 계급에 專行됨으로 인해, 일반 민중에게는 양명학은 물론, 주자학파들까지도 아무런 자극을 주지 못하였다. 그리하여 오늘날에는 유학에 대하여 거의 미신적 분위기만이 남아 있을 뿐이다. 따라서 양명학이라 하면 무슨 이설같이 여겨 퍽 생소하게 생각하는 경향이 있다.

앞에서도 말한 바와 같이 양명학은 유학이다. 그러면 유교란 무엇인가? 불교나 도교 등 다른 종교와는 어떻게 다른가? 이것은 양명학의 이해를 위하여 매우 중요한 과제다. 이를 다음 항에서 논하고자 한다.

2 동양정신과 유교

예로부터 우리 동양의 정신분야에는 3대 사조가 흐르고 있다. 儒·佛·道 3교가 그것이다. 그런데 이 3교를 좀더 높은 차원에서 내면적으로 관찰해 보면, 도·불과 유교는 성격상 차이가 있는 것을 알 수 있다. 도교와 불교는 우리가 간단히 종교라고 하여 의심하지 않으나, 유교에 대해서는 한마디로 종교라고 규정하기에는 어딘가 미흡한 데가 있다. 종교라기보다는 오히려 학문이요 철학이라 하고 싶은 것이다. 왜냐하면 유교가 주장하는 것은 어디까지나 현실이요, 현실적인 실천을 통하여 至善의 경지를 이상으로 삼고 있기 때문이다. 그래서 도·불은 眞의 생활을, 유교는 善의 생활을 주장한다고 말하는 이도 있다. 이를테면 도·불을 하나로 묶어 버린 것이다.

이러한 주장에는 까닭이 있다. 불교가 애초 後漢(서기 25~220) 때 우리 동양 사회에 전래하자, 이에 반발하여 먼저 갈등을 야기시킨 것은 도교였다. 그것은 양자가 서로 용납할 수 없는 전혀 상반된 사상을 주장하고 있었기 때문이 아니라, 오히려 내면적으로 긴밀한 연관을 가졌기 때문이다. 도교에서 말하는 虛나 불교에서 말하는 무는, 모두 선과 악의 갈등을 초월한 절대적 자유를 이상으로 하고 있다. 중국의 남방에서 일어난

老莊哲學은 도교의 사상적 연원이 되어, 인도의 브라만교와 대비하면 내면적으로 사상의 선율이 그처럼 잘 조화될 수 없다. 노장철학과 불교를 어느 정도만 탐구해도 곧 이를 알 수 있을 것이다. 그리하여 유교의 의연한 唾罵에도 관계없이, 양자는 잘 符合하여 도·불을 동일시한 때도 있었다. 王符의 〈老子化胡經〉 같은 것은 불교를 완전한 自家의 전용물로 만들어 버렸다.

이렇게 말하면 漢代의 유교가 도교와도 관련이 있었고, 宋代에 와서는 불교와도 밀접한 관계를 가졌던 사실을 말할 수 있겠으나, 그것은 유교의 발전상 단순한 관련에 불과할 뿐, 결코 그 주장이 일치하는 것은 아니었다.

유교가 도·불 2교와 근본적으로 입장이 다른 것은 양명의 제자 薛侃의 일화에 잘 나타난다. 설간은 꽃을 좋아하여 안뜰에다 화초를 심고 틈날 때마다 꽃 속에 자란 잡초를 뽑곤 하였는데, 그는 그것을 인간의 악과 같은 의미로 보았다. 그래서 선인 꽃에 대하여 악인 잡초를 뽑는 행동을 자기의 사상에 결부시켰다 한다. 유교에서는 선을 기르기 위하여 부단히 악을 제거하는 노력을 계속해야 한다. 그러나 도교나 불교의 입장은 이와 다르다. 도·불의 관점에서 본다면, 꽃이나 잡초는 오직 싱싱하고 탐스러운 자연의 모습이며, 그 심경은 완전히 자연의 생명력과 融會하여 인간과 자연이 일가 되는 것이다. 단지 느끼어 받아들이는 것은 우주의 무한한 섭리이며, 선악을 구별한다거나 악을 제거해야 한다는 따위의 의지는 존재하지 않는다. 이것이 도·불과 유교의 본질적인 차이라고 하겠다.

그러면 유교에서 주력하는 바는 무엇인가? 유교에 의하면 우리들 마음의 밑바닥에는, 가령 어떤 어려운 경우가 있더라도 굴복하거나 외면하지 않고, 노력하며 정진하라는 소리 없는 명령, 즉 천명이란 것이 엄연히 존재한다. 이처럼 자기의 내면에서 나오는 천명을 따르면 이것이 도이다. 이 도를 밝혀서, 가령 우리들은 어떻게 행해야 하는가, 어떤 마음가짐이 되어야 하는가 등등의 방향을 일깨워 실천하도록 인도하는 것을 교라고 한다. 이것을 다른 말로 나타낸다면, 우리들의 마음에 내재하는 至高絶對의 천명은 참으로 의심하려고 해도 의심할 수 없는 분명한 덕, 즉 明德이며, 유학의 요지는 필경 이 명덕을 발휘하는 도리를 자각·체득해야 된다는 것이다. 이것이 이른바 '明明德'이다.

이러한 사상은 '우리들의 일상 생활이란, 자기 힘으로 격려·노력하는 끊임없는 克己의 의지가 따라야 함'을 시사한다. 왜냐하면 천명 사상이 의미하는 바 ―즉, 어떤 역경에서도 굴복하거나 외면하는 일 없이 천명을 따라야 한다는 말―는 동시에 우리들이 정신 생활을 영위하는 그 앞에는 허다한 장애와 악이 있다는 것을 의미한다. 그리하여 이 천명을 따라 행하는 것이 바로 우리들의 도라고 단정하는 것이다. 그리고 선이란 것은 이런 필연적인 도에 접근함을 말하며, 이 도에서 이탈하게 되면 악이라고 말한다. 따라서 우리들의 정신 생활은 항상 선을 이루고 악을 제거해야 한다. 이것이 유교에서 주장하는 바다. 요컨대, 우리 인간은 몸이 구차하고 영락하더라도, 자기 내면에서 나오는 필연의 천명을 듣고 조금도 어기지 않도록 명심해야 한다.

그런데 설간은 이렇게 말하였다. 안뜰에 자라나는 잡초처럼 악은 아무리 뽑아도 언제나 무성하게 자라난다. 이 까닭을 해명하지 않고는 천명의 바른 도리를 이해하기 곤란하다. 그리고 아울러서, 우리는 언제까지 이러한 악과 끊임없이 苦鬪해야 하는가 하는 의문에 부딪히게 된다.

유교에 의하면, 우리들의 현실은 모든 방향에서 모순과 대립으로 성립되어 있으며 이는 곧 萬有의 생성원리라 하였다. 현실의 모순과 대립은 필연적인 통일을 전제로 한다. 만유를 한 세계로 통일하려는 데에는 하나의 개인적인 주관이 있고, 이 주관은 다시 超個人的 주관, 곧 天에 의하여 통일되므로 天에 귀일하는 것이다.

세계는 이러한 天의 분화·발전이며, 동시에 그 역작용으로서의 귀일에 불과하다. 天은 층층으로 무한하게 모든 오묘한 도리를 분화·발전시켜서 스스로를 실현해

나간다. 아주 현묘한 德, 그리고 道家에서 말한 玄牝, 이는 합하여 생하였다가 다시 소멸·귀일하는 성이며 만물의 근원이 아닌가. 악이 필연적임은 당연한 일이다. 여기서 한 가지 비유를 들어보자. 태양은 우리의 明德이고 선이며 천명이라면 악은 태양을 가리는 구름이다. 구름은 흩어졌다가 다시 모이고 모였다가는 다시 흩어진다. 이렇게 天의 의지가 반복하는 동안에도 태양은 제자리에 의연하다. 천명은 이와 같은 것이다.

천을 말함은 용이하지 않다. 우리들 개인은 천에 의한 현빈의 분화이며 精靈이다. 그리하여 저마다 현빈과 일치하려는 천성을 구현하고 있는 것이니, 이는 개인을 통하여 스스로를 실현하려는 초개인적 활동이라 할 수 있을 것이다. 이 활동은 독립·자전(自全)하여 하등의 다른 것에 의탁하는 일이 없으므로 모든 언어·사려와는 단절된 상태다. 만일 말할 수 있다면, 그것은 천을 떠난 제2, 제3의 현빈, 즉 만물을 생성하는 도의 분화된 상대적 세계에 불과한 것이다. 그리고 이러한 천의 작용으로 인해서, 우리는 항상 유교를 종교적으로 해석하게 되는 것이다.

그러나 유교는 여러 종교 가운데에서 가장 인간적인 철리를 갖추고 있다. 인간은 항시 상대적인 입장에 집착하지 않으면 안 되기 때문에, 한없는 모순 당착에 괴로워하지 않으면 안 된다. 그러나 만일, 능히 절대한 천의 활동에 가까워질 수 있다면 모든 것은 우리의 도 아님이 없게 될 것이다. 눈에 가득히 청산을 보는 대로 내맡기고, 뜰안에 가득히 자란 화초를 바라보는 경지—이런 점에서 도·불과 관련을 가지지 않을 수 없게 된다.

〈莊子〉知北遊篇에 이런 말이 있다. 東郭子가 소위 '道는 어디에 있는가' 하고 물었더니 莊子는 '대소변에 있다'고 대답하였다. 동곽자는 이 말을 듣고 비천한 말이라고 하였으니, 이는 동곽자의 道心이 아직 부족한 것이라고 보아야 한다. 사람이 人爲의 말단에 다다르게 되면, 대소변은 추한 것으로 인식이 되는 것이다. 그러나 반대로, 무위 자연에 노닐게 되면 이미 미추·선악이 있을 수 없다. 미추라든가 선악이라든가 하는 따위는 모두 有爲의 세계에 불과하다. 굳이 附會한다면 종교는 무위의 법이며 예악은 유위의 법이다. 국가 사회에 대해서 말한다면, 王道는 무위의 법이며 정치와 법제는 유위의 법이다. 유교가 전통적으로 정교 일치를 주지로 한다는 것은 여기에 연유한다. 그러니까 유교는 유위의 교이다. 유가에서 천명에 귀를 기울인다고 말하는 것이 벌써 인간을 상대계에 입각시키는 것이다. 道佛과 유교, 이 양자의 근본적인 차이는 여기에 의한 것이다.

그러나 요컨대 현실에 복잡한 모순과 대립이 많은 것은 양자가 함께 인정하는 바이다. 그래서 도교와 불교에서는, 이와 같은 현실에 구애받는 것은 마침내 자기의 천성을 파괴시켜 버리는 것과 다름이 없다고 하여, 일단 이 현실을 부정하고 초탈해야 한다고 가르침으로써, 그곳에 유교와는 시종 일치할 수 없는 도랑을 만들었다. 유교는 이에 반해 어디까지나 현실에 철저함으로써 이상을 실현하려 하였다. 현실과 이상―이 두 가지 대립은 도교와 불교 및 기독교에도 자연히 존재하는 것이다.

만일 궁극을 통찰한다면, 본래 유교·불교·도교는 하나로 돌아갈 성질의 것이다. 유교에서 말하는 明德―곧 우리들이 의심할래야 할 수 없는 내면적 지상명령인 천명에 대하여 순응하는 것은 그 당연한 발전으로서 마침내 至善에 머물러야 한다. 이 지선에 머문다는 止는 결코 정지의 의미가 아니다. 활동 그 자체에 안주함을 말하며, 예를 들면 움직이면서도 움직이지 않는 것이다. 그것은 도·불의 虛無와 비슷하면서도 성질상 판이하다.(양명학에서는 이를 '致良知'라는 말로 표현하고 있다)

그러므로 지선에 머무는 과정은 험난한 형극의 길이다. 그래서 끊임없는 악전고투의 길이라고 말하였다. 그러나 이 길도 종국이 있는 것이다. 도덕적 생활을 처음 자각한 사람은 그 초기에는 자칫 내면의 지상명령인 천명을 범하려고 하기 때문에, 천명은 더욱 엄숙하고 준엄하게만 여겨진다. 악을 제거하기 위한 고투도 거기에 비례하여 그만큼 격렬하다. 그러나 이러한 고투를 통하여 마음은 더욱 도야되고 점차로 고상해짐에 따라서, 천명의 준엄성도 차츰 완화되다가 마침내는 내면적인 명령과 욕구가 일치되기에 이른다. 이 경지가 바로 지선에 머문 것인데, 이에 이르러는 명덕이 더욱 밝아져서 맑은 하늘의 태양과 같이 빛을 뿌리며, 악과의 격렬하던 고투도 완화하여, 드디어 지고지순의 경지에 도달하게 된다. 이것은 도·불의 虛無와 큰 차이가 없다.

이렇게 본질적으로 유교는 도·불과 관련을 지을 이유가 있어서, 저 송·명의 유교가 그만큼 깊이 유·불을 渾融시킨 것은 오히려 유교의 내면적 발전을 위해 당연한 경향일는지는 모르겠다. 그러나 아무리 양자가 밀접하게 관련되어 있다고 해도, 마침내 일치할 수 없는 이유는 필경 양자의 입각하는 바가 서로 어긋나는 데에 있다. 어디까지나 현실에 철저하여 일보일보(一步一步) 이상을 실현해 가려는 것이 유교의 진수라 하겠다. 만일 추호라도 현실을 회피하거나 타협하려는 따위의 비겁한 심정을 가진다면, 그는 유학의 徒弟가 아니고 가련한 성현의 죄인일 수밖에 없다. 그래서 勇을 儒門에서 존귀한 덕으로 여긴다.

曾子가 말했다.

"스스로 반성하여 마음을 괴롭히는 병이 있다면, 어떤 사람을 대하더라도 몸이 위축되는 두려움을 금치 못할 터이지만, 반대로 마음에 괴로워하는 병이 없다면, 천만 사람을 대한다 할지라도 거리낌없이 똑바로 매진할 것이다."

이러한 大勇은 확실히 유문의 要諦를 전한 말이다.

따라서 진실로 유교의 진수를 터득한 사람이라면, 누구나 함부로 움직일 수 없는 기백을 가지고 있어서, 도저히 손을 쓸 수 없는 탕아라고 할지라도, 그 사람과 만나게 되면 그 인격의 위력에 눌리지 않을 수 없게 된다. 그것은 모두 현실을 직시하며 매진하려는 유교의 특질에서 나온다. 이 용기는 도·불과 마찬가지로 전 생명을 내던져 이상을 실천하려는 위대한 동양 정신의 특징이라 할 것이다.

그런데 어떤 학리·사상이든지 처음부터 그 생명이 되는 원리를 완전히 구유하는 것은 아니다. 애초에 인간의 내면적 명령, 즉 천명을 바탕으로 그 구체적인 의무를 역설한 유교는 곧 그 존엄한 천명의 원리를 버리고 번거롭고도 자자분한 형식적 외면 도덕의 빈 껍질 속에서 준동하여, 생명 있는 인간의 지도 원리라 할 수 있는 힘을 상실해 버렸다.

이에 이르러 노자·장자 사상의 의미가 더욱 사람들

의 관심을 끌게 되었다. 그러나 그후의 도가는 사상의 본질을 망각하고 점점 허망한 꿈으로만 달리어서, 음양설이나 신선설 따위, 그밖에 가지가지 신비적 전설과 어울려서 비현실적인 일종의 샤머니즘의 기분을 釀成하였으므로, 이것도 도무지 사회를 지도하는 원리가 되지 못했다. 그런 때에 마침 불교가 전래되었던 것이다. 이리하여 後漢 이래 宋代를 거쳐 오늘날까지, 오랜 세월 동안 精靈의 목마름으로 번뇌하고 있던 인심은 전래된 새 문화에 공명하여, 몇 번이나 주권자의 박해를 받으면서도 불교는 동양 정신에 깊숙이 뿌리를 내렸다. 그리고 이러한 형세에 자극을 받은 도교는 여러 걸출한 인사들에 의하여 발연히 활약을 개시하여 새로운 도교로 형성, 발전하였으니 어떤 면에서는 그들이 확실히, 空疎하기는 하지만 그래도 한 가닥 생명의 순진성을 가지고 있었기 때문이라고 생각한다.

이에 반하여, 일찍부터 교의 자유스런 생명을 상실하고 형식적 도덕의 껍질로 굳어 버린 유교는 장구한 세월에 걸친 자가의 속박 때문에 용이하게 생기를 회복할 수 없었다. 그 때문에 유문에 구속받지 않은 재빠른 사람들은 상당수가 도교와 불교로 가버렸다. 그러나 신흥사상의 자극은 자연히 유가들에게도 생기를 유발시켰다. 드디어 宋代에 이르자 그리도 완강한 유가의 껍질은 보기 좋게 깨어졌고, 이리하여 오랫동안 성현의 노예였던 유교는 해방되어, 새롭고 깊게 자기의 내심에 침참함으로써 우주와 인생의 진상을 파악하려고 시도하게 되었다. 이른바 송학(宋學)과 주자학 및 성리학은 이러한 철학적 각성기에 처한 유교다. 그 학설의 요체는 우주의 본체인 理와 그 현상인 氣로써 실재의 진상을 천명하려 하여, '우리들은 어떻게 생존하는가?', '어디에 안주할 것인가?' 등등의 실천적 문제와 필연적으로 관련하여 깊은 철학적 요구에 뿌리를 박았다. 그러나 이러한 인격의 완성을 요구하던 송학도 그 초기의 의욕과는 달리, 그 후기에 이른바 '송학의 末流時代'를 접어들면서부터는, 小人儒들의 유희에 빠져 萬丈의 기세는 사라지고, 개념적이며 논리적인 헛된 말만 주워모으니, 실제로 응용하는 것과는 더욱 거리가 멀어지고, 멋대로 방자하여 단순한 관념으로 타락하였다. 우리는 조선조 역사를 통해 허다한 명유들이 완고한 논리와 관념을 희롱하며, 밤낮으로 입씨름을 일삼아서 사색 파쟁에 골몰하였던 사실을 알고 있다. 방자한 마음에는 정직이 따르지 않고, 실행이 수반되지 않는 관념론만 내세우니, 국가 사회에는 아무런 이익이 되지 못했다. 결국 그들은 주자를 통하여 다시 성현의 노예가 된 셈이다. 그러니 양명학파가 발을 붙이지 못했던 까닭은 자명하다.

 그러나 이러한 침체는 明代에 와서, 胡敬齋(居人)·

陳白沙(獻章) 등의 신주자학파에 의하여 청신한 생명을 부여받고, 이어서 양명학에 이르러 뚜렷하고도 당당하게 노출된 생명 본연의 흐름을 형성하게 되었다.

양명은 재래의 형식적이며 외면적인 처세 도덕과 인습에 묶인 儒家者流의 주장에 대하여 깊은 의혹을 품고, 타는 듯한 영혼의 갈망 속에서 도교에도 출입하였고, 스스로의 진지하고도 절실한 자유 분방한 사색을 통하여 경탄할 만큼 발랄한 생명의 철학으로 독창적이며 위대한 유교의 큰 수레를 만들었던 것이다.

이에 반하여 후한 이래 당·송에 걸쳐 정신적 위력을 발휘한 불교는 송대 이후 등불이 꺼져 가는 것과 같이 점점 쇠미해졌다. 도교는 王重陽 등 학자들의 노력에 의해 재래의 도교에서 미신적 분위기를 일소하고, 金·元 이래로 유독 청신한 종교적 생명을 발휘하여 강북을 뒤덮기에 이르렀다. 이리하여 불교는 유교와 도교에 완전히 압도되어, 오늘날에는 헛되이 과거의 잔영만 남기고 있을 뿐이다. 그러나 유교와 도교마저도 이제는 전날의 생명력을 상실하였다.

3 양명학의 시대적 의의

무릇 모든 학술 및 사상은 시대적인 요구에 의하여 그 사회의 지도 원리가 되어야 비로소 가치를 인정받게 된다. 더구나 오늘날은 과학 문명의 利器에 의해, 동서양이 하나의 생활권으로 변모하여 양대 문명이 하나로 融會하여 버렸다. 고래의 동양 정신은 생명의 활력을 상실하였고, 종교·철학·과학 등 어느 방면에서든 혼돈된 인심을 歸趣시키기에 족한 것은 없다.

나는 과거의 문화적 업적을 자랑하며, 조상의 재산 목록을 뒤지는 따위의 생각은 추호도 없다. 그러나 우리에게는 아직도 동양적인 사고 중에서도 유교적인 피가 강하게 흐르고 있다. 그럼에도 불구하고 우리 동양인들은 자신을 망각하고 서양 사조에 쏠리지 아니하였던가. 그러나 다행히 근래에 와서 우리의 문화 유산을 찾아보아야 하겠다는 소리가 각계 각층에서 일어나, 동양 고전에 대한 연구가 활발해지고 있음은 지극히 반가운 일이다. 옛것을 익혀 새것을 알며, 익혀 응용할 바는 취하고 잘못된 것은 과감히 버려야 한다. 그리하여 먼저 우리의 윤리 의식을 확립시킨 다음에, 외래 문화와의 절충, 조화를 구할 일이다.

동양 사상을 내면적으로 관찰해 볼 때, 특히 강하게 느껴지는 것은 全人格的 생활에 대한 노력과 그 주장이다. 다시 말하면 하나의 인격, 純一한 생활과 자각으로써 자기를 완성해 나가려는 것이다. 곧 이것은 物과 心, 자연과 인생의 조화이다.

우리들의 정신 생활은 특히 현대 도시 문명에서 통감

하는 바인데 이는 너무 지리멸렬되어 있다. 물론, 오늘의 물질 문명은 인간의 물질 생활을 풍부하고 편리하게 하였다. 그러나 이러한 물질 생활의 진보가 동시에 정신 생활까지 원만하게 하였느냐 하면 결코 그렇지 못했다. 도리어 현대 문명은 우리들의 물질 생활을 풍족히 해준 대신 우리들의 정신 생활을 황폐화시켰다. 사람과 자연, 그리고 사람과 사람 사이의 친근은 깨어지고 말았다. 사람은 편파적으로 화하고 조직 속에 묻혀 몰각되어 일개의 인격자로서 활동하는 것이 아니라, 어떤 목적을 위해 움직이는 기계로 다뤄지고, 맹목적·타율적·충동적인 생활을 감수할 수밖에 없어졌다. 그 위에 사회 생활의 결함이나 생활비의 증가 등은 부단히 인간의 불안을 심화시키어 그 기계적인 역할을 과도하게 만들었다.

이러한 불안은 자연히 인간으로 하여금 그 생활을 오로지 감각적·말초적인 방면으로 치닫게 하여, 이미 깊이 내면으로 침잠함으로 해서 느끼는 영혼의 그윽한 희열이나 유구한 자연과 교감하는 무한한 기쁨은 찾아볼 수 없게 되었다. 철학자는 단순한 관념을 생각하여 공중 누각을 세우고, 예술가는 오로지 관능적이고 기교적인 미를 다루며, 위정자나 민중들은 단지 눈앞의 강렬한 감각적 자극을 추구할 뿐이다.

그러는 사이에도 저들은 초조하여 끊임없는 불안에

괴로워하고 있지 않는가. 사람들은 일반적으로 이를 물질적 세계의 불만과 불안전에서 오는 것처럼 착각한다. 그것은 위험 천만한 사고가 아닐 수 없다. 인간의 진화는 개인이나 사회를 막론하고 항상 어느 만큼 이상이 발휘될 수 있느냐, 우주의 법칙에 따라 어느 정도 원만하게 인류가 다스려지고 있느냐 하는 데에 달려 있다. 정신 문화가 자연과 인간의 조화와 통일을 요구하고 있음은 과학 문명이 고도로 발달된 오늘이나 양명이 처했던 시대나 하등 다를 바가 없다. 물질계가 인류의 생성과 분화의 원리를 바꾸어 놓을 수는 없기 때문이다.

양명은 그 생애를 통하여 한 걸음씩 인격의 완성을 실천하고자 노력하였다. 그래서 자기의 양심을 기만하여 현실과 비굴한 타협을 하는 것은 그로서는 견딜 수 없는 일이었다. 따라서 학문상에 있어서도 단호히 재래의 유교 敎權에 반항하고, 무의미한 성현의 우상화를 배척하였으며, 사람마다 성현의 노예로부터 해방하여 성현을 각 사람의 마음속에서 구현하게 해보려고 노력하였다. 六經을 그대로 두면 휴지에 불과하다고 갈파한 것은 당시로서는 대담한 선언이었다. 이에 대하여 많은 비난이 따랐을 것은 물론이지만, 그러나 당시 사회의 절박한 요구는 결국 양명의 혜안과 그 인격을 통하여 그의 위대한 이상 철학을 탄생하게 하였다. 당시 유명한 시인이던 董蘿石이 70세가 다 되어 비로소 양명의 학에 접하고 나서, 오늘에야 겨우 苦海를 벗어날 수 있는 機緣을 얻었다고 기뻐했다 한다.

양명은 절실히 '나에 의한 자각'을 호소하고 역설하였다. 그리고 '나' 아닌 그 어떤 것에도 맹목적으로 따르려 하지 않았다. 그리하여 '나'의 철저하고 의심할 수 없는 직접적인 체험을 통하여, 우주와 인생의 사실을 직관하려 한 것이 그의 주장이요 노력이었다. 그리고 학문상에서도 그랬지만, 그는 또 실제 생활에서도 일체의 타협을 거부하였는데, 이른바 功利主義를 그는 가장 싫어하였다. 그 중에서도 우리가 반성해야 할 흥미 있는 문제는 학문과 생활과의 관계에 대한 학자로서의 그의 의견이다.

학문을 해나가기 위해서는 먼저 경제 생활의 안정이 필요하다. 시종 생활 때문에 압박을 당하는 상태에서는 도저히 자유롭게 학문을 할 수가 없다. 이는 동서 고금을 통하여 허다한 인사들에 의하여 논란이 되어 온 문제이기도 한데, 오늘날에는 대부분의 학자들이 실생활을 생각하지 않고서 무턱대고 학문을 하려는 것은 어리석은 일이며, 그래서 생활과 학문을 어떻게 조화시켜 나가느냐 하는 것에 대하여 고심하는 경향이 있다.

이리하여, 전적으로 직업에 사로잡힌 학자는 그 인격 생활에 잡음이 따르고, 敎權의 부패와 학계의 타락을 야기하게 된다. 이것이 어찌 오늘에만 한정된 이야기일까. 양명은 항상 이를 경계하여 至純한 인격 생활의 제창을 제자들에게 설파하였다. 인간 생활의 참된 희열은 물질의 만족보다 나의 자각으로 얻어지는 진리의 발견에 있기 때문에, 양명의 입장에서 볼 때, 부귀를 생각함은 학문하는 태도와는 거리가 먼 것이다. 다시 말하면, 새롭고 깊은 나의 자각으로부터 발랄한 개성의 발휘로 저마다 마음속에 있는 善을 自律自展시키는 것이 중요하다는 것이다. 금의 가치는 그 순수함을 귀하게 여긴다. 구리나 납을 섞으면 그 품질이 더욱 떨어질 뿐이다. 그래서 그는 언제나 순금이 되라고 제자들에게 말했다. 환경이나 수완 등 어떤 동기로 인하여 아무리 큰 사업을 성취하였다고 해도 그런 것에 참된 의의를 인정할 수는 없다. 오로지 개성의 발휘, 인격의 완성에만 절대적 가치가 있다. 이런 의미에서 불의로 얻은 부귀는 진실로 뜬구름과 같은 것이다.

양명학에 의하여 그 진수를 터득한 인물들 모두가 卓然히 부귀로써도 움직일 수 없고, 빈천에 들어서도 마음이 사로잡히지 않으며, 무력의 위세로도 굴복시킬 수 없는 대장부의 품격을 지니게 된 것은 지극히 필연적인 이유가 있는 것이다. 이를 권력자의 입장에서 보면 반역이라고 하겠으나, 따라서 양명학은 언제나 당국의 기탄과 박해를 받아야만 했다. 그러나 양명은 항상, 吾黨의 선비는 호걸이어야 한다고 강조했다. 그가 말한 호걸이란, 일반이 관념적으로 생각하는 그런 호걸이 아니다. 호걸이라면, 흔히 세속적으로 어느 강자에 대하여 호쾌한 반항이나 파괴를 시도하는 인물이라고 생각하지만, 양명이 말하는 호걸이란, 자기 내면의 至上 요구를 따라 안팎으로 일체의 맹목적·타율적 압박을 배격, 탈피하려는 정신적 勇者다. 이에 비하면 일반적인 영웅호걸이란 가련한 사욕의 노예에 불과한 것이다.

오늘날 현대인은 절실히 純一한 인격 생활을 동경하고 있다. 서양 문명의 논리적 개념적 형식미에 마음을 빼앗기고 있었음은 숨길 수 없는 일이다. 그러나 그것이 모든 인간의 생활을 포용하고, 그리하여 우주를 大觀할 수 있는 원리로서 철학의 의무를 다했을까. 그것은 필경 우리들에게 직접적인 인격 생활을, 우리에게 端的인 생명력을 앗아간 단순한 추상적 관념의 환영에 지나지 않는다. 우리는 긴 밤의 꿈속에서 환멸의 고통을 맛보았고, 무엇인가 생명력이 있고 인간의 피가 흐르는, 새로운 진리의 출현을 강렬하게 희구하고 있다. 서양의 문화는 오늘날 서양 사회에서뿐만 아니라, 이를 도입한 우리 동양 사회에 있어서도 그 위기 의식으로 논란의 대상이 되고 있다. 동양 각국은 그 민족 고유의 정신에 의하여 놀라운 融解와 陶冶를 받고 있으니, 이는 적어도 동양사의 문호를 엿본 사람에게는 다 알려진 사실이다. 그러므로 동양 정신의 위대한 발전을 시도할 시기는 성숙되었으니, 이를 깊이 연구하는 것은 특히 우리 동양인의 급무가 아닐까.

중국의 梁啓超가 이런 말을 한 것을 기억한다.

"원예가는 흔히 배나무에 살구나무를 접붙이고 오얏나무를 복숭아나무에 접목시킨다. 또 축산가는 흔히 미국의 수말을 유라시아의 암말과 교미시킨다. 이러한 사례는, 同姓의 남녀를 결합시키지 않을 뿐더러, 緯度의 양쪽에서 서로 이질적인 남녀를 결합시키는 것이 총명한 아이를 생산하는 방편임을 말하는 것이다."

그리하여 그는 20세기는 동서 양대 문명의 결혼 시대이며, 이에 동양인은 장막에 등촉을 밝히고 술을 마련하여, 문밖으로 수레를 내어 서양의 미인을 맞아들임으로써 우리 집안, 즉 동양에서 태어난 아이를 우리의 대들보로 삼자고 하였다.

그런데 동양 사상이 체험을 존중하고, 그 표현이 상징적·비약적 또는 단편적이기 때문에 개념적 사유로 기울어진 현대인들은 용이하게 이해하지 못하게 되어, 가장 학식 있는 지성인들이 도리어 오해하여 모처럼의 깊은 체험도 곧 독단이라고 곧잘 배척한다. 그것은 마치 아름다운 색채나 미세한 묘사에 경탄하는 소년이, 神韻縹緲한 墨畵에 대해서 아무런 감격도 느끼지 못하는 것과 다름이 없다.

　오늘날 동양 사상을 연구함에 있어서는 반드시 관념의 유희를 떠나서, 그 한마디 한마디가 지닌 깊은 체험을 포착하는 데에 노력해야 할 것이다. 동양의 사상가에게 논리가 없는 것은 아니다. 논리는 사고의 원리가 아닌가. 논리가 없이 사상적으로 그토록 깊어질 수는 없다. 동양인이 존중하는 직접적인 자각도 논리를 무시하는 의미가 아니고, 반대로 논리적 사색을 쌓는 가운데에서, 자연히 얻게 되는 풍부하고 심원한 자각이라고 보는 것이 옳다. 단순한 지각과는 달라서 그 속에서 얼마든지 논리적 내용을 抽出할 수 있는 자각임을 알아야 한다. 동양 정신을 연구하는 데에는, 먼저 내면적인 침잠을 자각의 출발로 삼는 태도를 가져야 함을 일러둔다.

제2장 양명의 학설

1 心卽理. · 致良知說

누구나 알 수 있는 바와 같이, 사람은 이성과 지식만으로 살아갈 수는 없다. 일상 생활을 통하여 우리는 여러 가지를 경험하게 되는데, 이때 우리는 흔히 이성과 지식으로 채득하는 것이라고 생각한다. 그러나 여기에서 알아야 할 문제는 이성이나 지식보다 더 요긴한 것은 우리의 마음이라는 점이다. 즉, 지적·논리적인 작용으로 이루어지는 세계에는 이미 우리의 얼이 없다. 그것은 우리 개인이 실재하는 세계는 아니며, 오로지 얼을 뽑아 버린 기계적인 관계를 전개하는 데에 불과하다. 따라서 이러한 논리적·지적인 사고 방식으로, 우리는 무엇이며 어떻게 살아야 하는가 하는 따위 실재를 파악하려고 한다면, 그것은 주객이 전도된 상태가 되는 것이다. 참으로 이 실재를 포착하려 한다면, 그것은 먼저 우리의 마음을 통하여 구체적이고 직접적으로 경험해 보는 수밖에 없다. 이것은 바로 논리와 지식 및 이성의 출발점이 되며, 양명학에서 모든 학리 탐구의 바탕으로 하는 心의 철학이다.

양명이 말했다.

"오로지 마음만을 수양하는 사람은 날마다 자기의 부족함을 알게 되지만, 오로지 지식과 견문만을 추구하는 사람은 날마다 자기가 늘어가는 것을 알게 되는 것이다. 그러나 나날이 부족함을 느끼는 사람이야말로 나날이 늘어가는 것이며, 나날이 늘어감을 아는 사람은 나날이 부족해지는 사람인 것이다."(專涵養者 日見其不足 專識見者 日見其有餘 日不足者 日有餘矣 日有餘者 日不足矣.)―傳習錄 上

이것은 학문이란 것은 지식을 추구하는 일보다 마음을 기르는 일에 더욱 노력해야 함을 말함이다. 요컨대 그의 학문은 자각을 통한 실재의 파악과 인생의 확립에 주안점을 두고 있다.

사람들은 보통 상식적으로 독단을 내려, 物과 心은 서로 독립된 별개의 실재로 인식하고 의심치 않는다. 이것은 바로 宋代 주자학파의 주장이 아닌가. 양명은 우선 이러한 사실에 부딪힌다. 인생은 뜻대로 되지 않음이 십중칠팔이란 선인의 한탄처럼 인생의 행로는 실로 걷기 어렵다. 젊은이들은 항상 그 약동하는 뜨거운 활동력으로 자기 인생에 대하여 자신을 가지고 自尊自大하게 되는데, 그것은 절대 경계해야 할 위험천만한 일이다. 인생을 쉽게 보아서는 안 된다. 무한한 우주에 비하여 인간의 사고능력은 보잘것없이 무력하다. 인간은 항상 도처에서 모든 사물에 걸리고 구속되고 몸부림 치고 있다. 부귀와 공명·영달, 또는 질병에 고민하며, 그리고 이것들의 최대, 최후의 난관인 생과 사의 문제에 대해서 항상 근심하고 두려워하게 된다.

이렇게 고민하는 까닭은 무엇인가? 그것은 곧 우리들의 고민하는 마음과 그 마음에 고민을 주는 사물이 대립된다고 생각하기 때문이다. 곰곰이 생각해 보면 이런 마음이나 사물의 존재가 퍽 불가사의하다. 우리들의 신변을 둘러싸고 있는 이들 불가사의한 사실은 도대체 어떻게 성립되는 것인가. 物과 心은 궁극에 가서 어떻게 되는 것일까. 이렇게 생각하는 마음이란 무엇이며, 이렇게 생각하는 나는 무엇인가. 이런 인생에 어떤 의의가 있는가─이런 의문들이 해결되지 않는 이상, 우리들은 진실로 안심하고 살아갈 수는 없다. 이런 절실한 요구를 귀로 흘려 버리고, 아무리 시끄럽게 선현이 밝힌 처세 도덕을 익혀 보았댔자, 우리들은 여전히 안개 속을 방황하는 불안을 떨쳐 버릴 수 없고, 모처럼의 가르침에도 하등의 깊은 감격을 느끼지 못한다.

이에 대하여 종래 주자학파의 주장들은 단순히, 만물에는 모두 각기 존재하게 하는 理, 즉 법칙이 있다고 말하고, 사람의 心은 이 만물에 照應하여 다른 모든 훌륭한 법칙을 갖출 수 있는 虛靈不昧—즉 마음에 잡념이 없고 신령하여 어둡지 않은 知를 갖추고 있다. 학문의 요령은 이 知에 의하여 모든 사물의 법칙을 천명해 가는 데 있으며, 궁극에 이르면 자연히 豁然하게 우주와 인생의 진상을 꿰뚫어볼 수 있다고 말한다. 그러나 이것은 극히 애매한 설명이라 하지 않을 수 없다. 주자는 이를 '卽凡天下之物 而窮其理 一朝豁然貫通'이라 하여, 이 세상의 모든 사물에 대하여 그 이치를 궁리함으로써 마침내 하루아침에 시원히 꿰뚫리게 된다고 했다. 그러면 이러한 주장이 양명에 의해 어떻게 해석되고 있는가?

朱子의 학설에 의하면 心과 物은 처음부터 독립된 존재다. 그리하여 모든 사물은 心에의 인식 여부를 불문하고 그 스스로 존재한다. 인간의 心과 知의 靈妙 여부에는 하등 관계도 없이 스스로의 理, 즉 법칙에 따라 저마다 존재한다는 것이다. 그러나 이처럼 절대적인 독립적 실재를 인식하면서, 어떻게 그 개체 사이의 연결과 관계를 궁구할 수 있을까. 이 상태로는 도저히 각 개체 사이에 일치할 수 있는 귀착점이 발견되지도 않거니와, 이런 思惟로는 아무리 무한하게 사물의 理를 탐구해 간다고 해도 도달하는 극점이 없을 것이다. 그러므로 하루아침에 시원히 꿰뚫린다는 주장은 하나의 관념적인 것에 불과하다. 따라서 이 학설은 일종의 대요로서 통일된 원리를 요구하게 된다. 그래야만 그 이론을 귀납시킬 것이기 때문이다. 그렇지 않고서는 언제까지 기다려도 '一朝豁然貫通'이라는 말과 같이, 우주의 진상을 꿰뚫어보는 시기가 올 까닭이 없다. 그리고 설사 귀납되는 종착점에 이른다 할지라도 여전히 문제는 남아 있게 된다. 가령 하나의 원리로 귀착시켜 그 理를 구해 본다 해도, 아직 우리의 心이 그 理를 따라 사물을 구명하고 心과 理를 분석하여 둘로 가르는 이상, 그 극한의 대립은 어떻게 해볼 도리가 없다. 그러한 전체에 충실하는 한, 모순당착을 면할 수 없다는 말이다.

여기서 양명은 '心卽理'라는 명쾌한 주장을 말한다. 모든 사물은 心으로 체득되는데, 그 心에는 동시에 理, 즉 사물의 법칙이 따른다는 것이다. 그리고 이러한 주장은 저절로 뒤에 나올 '致良知 止至善 知行合一 致知格物' 등 모든 諸說의 바탕이 되고 있다.

양명이 말했다.

"마음이란 것은 텅 비었지만 영묘하고 밝으며, 모든 이치(法則)가 갖추어져 있어 만 가지의 사물이 여기에서 나온다. 마음 밖에 이치는 있지 않으며 마음 밖에 事는 없다."(虛靈不昧 衆理具而萬事出 心外無理 心外無事.)―傳習錄 下

여기에서 우리들이 事物을 지각하는 경우를 생각해 본다.(양명은 이를 感應機上에 있어서 본다고 말한다)

예를 들어, 눈앞에 한 떨기 꽃을 대한다면 이 경우 그 아름다운 빛, 바람에 흔들리는 모양, 손에 잡히는 부드러운 감촉, 그윽한 향기, 그리고 그 형태의 운동은 모두 우리의 감각을 통한 사실이다. 이러한 나의 감각적 작용을 꽃으로부터 제거해 버린다면 어떻게 될까. 빛깔도 없고 향기도 없으며 감촉도, 흔들리는 모양도 없다. 이러한 꽃은 물론 상상할 수도 없는 일이다.

즉, 우리들이 흔히 지각하는 物은 모두 物 그 자체의 객관적인 실제 상태는 아니다. 이렇게 본다면, 우리들이 보통 생각하고 있는 內外界의 事象은 결코 그대로 독립된 존재가 아니다. 곧 心에 대하여 物이 있는 것이 아니라, 心이 있어서 비로소 物이 있는 것이다. 그러니까 세계는 어디까지나 인식의 세계요 경험 이내의 세계라는 말이다.

그래서 陸象山(九淵)은 우주의 事는 곧 자기 안에서의 事요, 우주는 곧 나의 心이라고 말하였다. 그는 6經이 나를 주해한 것이며, 내가 6경을 주해하는 것이 아니라고도 말했다. 그는 宇를 공간, 宙를 시간이라 하여, 우주란 곧 공간과 시간으로 통일되고 정리된 것이라고 하였다.

그러나 상식에 호소하여, 추호도 의심하지 않는 마음

밖의 세계를 갑자기 돌려서, 곧장 이것이 바로 나의 心이라는 것이다고 말한다면, 우선은 누구나 놀라고 이상스럽게 여길 것이 분명하다.

육상산이 제자들과 행한 대화에서 그 해명을 살펴본다.

한 제자가 바위 위에 핀 꽃을 가리키면서 물었다.

"(선생님께서는) 천하에 마음 밖의 사물이란 없다고 말씀하셨지만, 이 꽃은 깊은 산중에 지금도 있으면서 홀로 피고 지곤 하니, (그와 같은 이론으로 말씀드리면) 우리와는 조금도 관계가 없지 않습니까?"

이에 상산은 대답했다.

"네가 아직 이 꽃을 보기 전에는 이 꽃과 네 마음은 함께 寂에 돌아가고 있다. 그러나 네가 이곳에 와서 이 꽃을 봄과 동시에, 이 꽃의 빛깔이 명백하게 의식된 것이다. 이 꽃도 네 마음 밖에 실재하는 것은 아니지 않느냐."

여기에서 '寂에 돌아가고 있다'는 말을 풀어 본다. 寂은 바로 그의 사상의 요체인데, 이것을 다른 용어로 하면 中, 또는 未發의 中이라 한다. 이 中이 피어나면 곧 和라 하니, 이것은 양명학파가 즐겨 논란하던 문제이다.

사람은 오직 자기 마음의 본체인 中의 상태를 성취시켜야 하며, 그렇게 되면 작용(己發)은 그 속에서 자연히 우러나오는 것이다. 만약 마음의 본체를 잘 길러서 정말로 감정이 드러나기 전(미발)의 상태인 진정한 中

을 지니게 된다면, 나타나는 감정도 절도에 맞는 和가 될 것이라고 양명은 말하고 있다.

여기서 감정이 드러나기 전의 상태, 곧 미발의 中은 앞에서 상산의 '寂에 돌아가고 있다'는 말과 같은 뜻이다. 이를 오늘날의 철학에서 쓰는 용어를 빌려 말하면, 미발의 中이란 순수 경험, 혹은 직접 경험의 출발점이다. 이런 점에서 양명은 상산의 영향을 많이 받았다고 할 수 있다.

우리가 육상산의 학설을 듣고, 그러면 세계는 모두 나의 관념이라는 獨我論이 되는 것이 아닌가 의심할 것이지만, 양명의 학설은 결코 그런 것이 아니다. 이른바 '我'란 실은 物에 불과한 육체적 관념을 동시에 포함하고 있지 않는가. 조금만 생각해 보아도 그처럼 유치한 '我'의 집착으로부터 쉽게 탈출할 수 있을 것이다.

여기서, 中과 和와 미발의 끊임없는 已發에 의하여 그 物과 心의 통일 작용이 우리에게 인식되는 과정을 보았다. 요컨대 心을 떠나서 物은 없으며 物을 떠나서 心도 없다. 실재는 유일하게 物이다 心이다 하고 이름할 수 없는 직접 경험의 사실이 있을 뿐이며, 이것을 굳이 이름 붙인다면 미발의 中이라 할 것이다. 이리하여 양명은 '心卽理'의 입장에서 학문하는 태도를 이렇게 말했다.

"사서와 오경도 단지 마음의 본체에 대하여 해설한 것에 불과하다. 이 마음의 본체가 이른바 道心인 것이다. 본체가 밝으면 곧 도도 밝아진다. 도와 마음은 다른 것이 아니다. 이것이 학문하는 요점인 것이다."(蓋四書五經 不過說這心體 這心體卽所謂道心 體明卽是道明 更無二 比是爲學頭腦處.)―傳習錄 上

이것은 앞에 말한 육상산의 학설을 계승한 것이며, 책을 읽는 것은 제 마음의 본체를 바탕으로 하여 합당하도록 體察함에서, 올바른 도를 터득하는 것이 목적이라는 것이다. 이것은 책을 읽지 않고 사색에만 힘쓰게 할 위험한 학설인데, 실제로 明末의 陽明左派에 속하는 학자들은 이런 경향이 있었다.

육상산은 주자와 같은 시대의 학자이면서도 주자의 학설을 도처에서 반박한 사람이다.

앞에서도 말한 바와 같이, 그는 생의 의혹에서 출발하여 깊이 세계의 진상을 관찰하고, 그 결과 물과 심을 독립적 실재라고 말하는 미망을 타파하고, 주객의 대립도 없고, 知·情·意의 분리도 없는 自律自展의 순수한 활동을 체득하기까지 깊이 실재의 뜻에 침잠하였다. 그는 직접적으로 꽃이라는 실재에 부딪힘으로써 그것이 꽃이라는 판단과 아름답다든가 가련하다든가 하는 情, 채집하여 옮겨 심어야겠다는 意 등을 표현하였다.

즉, 마음이라는 개체가 미발의 상태에서 物을 자율적으로 전개해 내는 것이다. 그 전개된 세계는 무한의 대립으로 성립되어 결코 한쪽만이 독립되어 있지 않다. 음과 양이 대립하고 動과 靜이 대립하며, 屈信·消長과 상하·좌우 등 모두 상대적으로 성립되어 있는 것은 참으로 程子나 주자 등의 학설로부터 출발하는 바다. 상이 없다면 하가 있을 까닭이 없고 우가 없으면 좌가 있을 리 없다. 그러므로 만유가 모두 이 형식을 떠나서는 존재하지 않음이 사실이다.

그러나 이와 같은 대립은 그 근저에 있어서 통일이 이루어져야 설정이 가능하다. 좌우·상하라 함은 宇, 즉 공간에서 통일되는 가정적 성립이다. 바위 위의 꽃을 가리켜 붉다고 말한다면, 그것은 붉지 않은 빛을 생각하고 말하는 것이니, 그 근저에 있어서는 빛이라는 한 가지에 통일이 된다. 이처럼 무한한 대립은 곧 무한한 통일을 의미하며, 궁극에 이르러서는 개체의 自律自展을 말하는 것이다.

그런데 우리들은 소박한 생각에서 그 대립과 통일을 양면으로 오해하고 있다. 그래서 양자가 독립된 실재인 것처럼 생각한다. 음과 양을 취해서 생각하면, 이른바 태극이란 것이 실재함으로써 거기서 양과 음을 낳으며, 그래서 그 태극이 활동하는 것처럼 오해하고 있다. 그러나 실제로 그것은 활동 그 자체이며, 활동 외에 따로 태극이란 物이 없다. 그것은 활동의 통일적 개념에 불과하다.

우리는 자연 현상에서 이를 설명할 수 있다. 자연은 끊임없이 생성·소멸을 반복하는데, 그것은 자연이라는 하나의 통일된 개체로서, 그 통일 작용이 바로 생성과 소멸의 반복되는 작용을 유발하는 것이다. 그래서 실재라고 말하면, 곧 천지가 아직 나뉘기 이전의 상태이고 주객이 혼돈된 꼴이며, 物과 心이 하나가 되어 있는 상태다. 만물은 이런 실재의 분화·발전으로서, 그것이 곧 자연 현상이라는 말로 표현된 것에 불과하다. 그 형식은 인간의 知에 의하여 가장 명백하게 이해된다. 우리들이 物이다 心이다 한다고 해서, 그것이 객관적인 자연에서 독립하여 존재하는 것은 결코 아니다. 인간도 자연의 일부라고 생각하면 쉽게 이해될 것이다. 心이라고 하면 결코 인간의 마음만으로 생각해서는 안 된다. 그것은 곧 만유의 본체인 것이다. 만유의 본체를 心이라고 한다면, 만유는 곧 통일을 위한 작용인 법칙, 즉 理를 具有한다. 이 理란 것은 바로 자연의 의지라고 할 수 있다. 그러니까 心은 곧 理로 통하며 이 理에서 대립되는 것을 物이라 한다. 그러므로 心을 떠나서는 物이 없고 物을 떠나서도 心은 없다. 만물에 일관하는 법칙, 즉 理가 있다고 생각하는 것은 우리의 마음을 지지하는 법칙이며, 실로 마음 바깥의 법은 아닌 것이다. 이렇게 세계를 일관하는 통일 원리를 天理 또는 良知라고 말한다.

양명은 理란 心 밖에 있는 것이 아니며 바로 心 안에 있다고 하였다. 그리고 心의 본체가 知이며 인간이 본래부터 가지고 있는 덕성으로서, 즉각적으로 얻는 良知를 가리키는 것이라고 하여, 心과 양지의 관계를 인간에게서 궁리해 냈다.

"知란 心의 본체다. 心은 자연히 알 수 있게 된다. 아버지를 보면 자연히 효도를 알게 되고, 형을 보면 자연히 아우 노릇을 알게 되며, 어린아이가 우물에 빠지는 것을 보면 저절로 측은함을 알게 된다. 이것이 바로 양지인데, 이를 결코 자기 밖에서 구할 필요가 없는 것이다."(知是心之本體 心自然會知 見父自然知孝 見兄自然知弟 見孺子入井自然知惻隱 比便是良知 不假外求.)

이제, 우주의 심과 인간의 심, 그리고 그 필연적인 발전으로서의 理를 약술하고, 천리와 양지의 관계를 연결시켜 생각하였다. 한마디로 이것은 세계를 꿰뚫는 통일 원리다.

그러면 이 心과 理, 양지와 천리 등은 어떻게 체득되고 어떻게 인식되는가. 전술한 바와 같이 우리들은 전후·내외가 없이 혼연 일체인 미발의 中, 그리고 직접 경험한 사실에 입각하여, 세계의 근저에서 스스로 노력하며 自彊不息하는 천리와 양지를 체득하였다. 사람들은 이를 가리켜 흔히 造化的 精靈이라고도 한다. 이는 참으로 독립된 스스로의 활동이니, 세계는 이를 근거로 하여 유지되고 버티어져 있다. 그래서 엄밀히 생각하면 자연은 모두 통일되어 있으니 이는 곧 양지라는 것이다.

이 양지는 나면서부터 가진 앎(知)이니, 이것을 사람에게 비유하여 말한다면 고매한 사람들이든지, 저열한 사람이든지, 심지어는 극히 사악한 무리일지라도, 나면서부터 가진 이 知는 누구나 다 같은 것이다. 이 知는 모두 같지만 사람마다 다스리기에 달려 있어 멀리하기도 하고 가리워지기도 한다. 知를 나면서부터 가지는 것은 비단 인간에 한해서만이 아니다. 그것은 우주의 법칙이므로 그 자체의 필연적인 발전으로서 우주 만물이 다 가지는 것이다. 바위나 초목 그 밖에 모든 사물에 있어서도 그 나름대로의 양지가 있다. 벼랑 위의 꽃으로 말한다면 그것은 결코 줄기니 가지니 잎, 꽃잎 따위의 단순한 집합은 아니다. 그것들을 혼연일체로 통일하려는 그 어떤 의지가 있어서, 비로소 꽃나무라는 구체적인 사실로 인식되는 것이다. 그것이 단지 직접적인 작용을 우리 앞에 보이지 않았을 뿐이지, 사람이 양지에 비유하면 곧 그 자체의 양지가 드러나게 마련이다. 그것은 사람의 의식 가운데의 일이고, 꽃 자체로서는 자각하지 못하며, 곧 외면적 통일체이지 내면적 통일체는 아니다.

그 내면적 통일에서 가장 靈明한 것이 곧 정신이다. 그래서 일반적으로 객관적 우주의 통일 작용을 天理, 정신이 있는 주관적 우주의 통일 작용을 良知라고 한다면, 그것은 天理의 작용에 비추어 그 영묘한 곳을 자각한 것을 말할 수 있다.

그러나 이런 문제는 결코 허망하게 공중에 매달아 놓고 생각해서는 안 된다. 그 天이란 것을 깊이 음미하고 인식하는 것이 좋을 것이다. 우리들의 모든 사고의 범주에서 추측할 수도 없는, 즉 모든 의미에서 초월되어 있는 天—그것은 일체를 포용하고 또 초월하여 독립적으로 조화·발전하며 끊임이 없다. 생성과 통일의 작용이 모든 것을 포괄하여, 그 中和의 입장을 가진 것이 天이다. 그래서 실재의 통일 작용이라고 말하면 용이하게 인식·체득할 수 없지만, 천리라고 하면 쉽게 음미할 수 있다. 천리는 양지와 직결되고 양지는 心에 직결되므로 심은 천리라고 말하는 것이다.

양명이 말했다.

"마음에 사욕으로 가리워진 것이 없으면 곧 그것이 천리니, 밖으로부터 조금도 더 보탤 것이 없다. 이와 같이 천리에 순일해진 마음으로써 이를 발휘하여 어버이를 섬기면 그것이 곧 효이고, 임금을 섬기면 그것이 忠이며, 벗을 사귀고 백성을 다스리면 그것이 곧 信과 仁인 것이다."(此心無私欲之蔽 卽是天理 不須外面添一分 以此純乎天理之心 發之事父 便是孝 發之事君 便是忠 發之交友治民 便是信與仁)

이것은 육상산이 주자와 견해를 달리하여 한 말이기도 하다.

實在의 통일 작용—즉 天에 대하여 궁리한 경험이 있는 사람은 깊은 사색을 통하여 닦고 단련하며, 이러한 과정을 거치게 되면 스스로 天을 체득하고 인식할 수 있을 것이다. 그렇게 되면 실재의 통일인 天은 마침내 정신의 통일체인 자신의 양지라는 것을 알게 된다. 天을 체득하고 인식하는 것은 동시에 사람이 제 자신을 파악하는 것이며, 자기를 파악한다는 것은 바로 실재의 體認이 된다.

원래 우리들의 정신은 무한한 이상을 추구하며, 부단한 내면적·외면적 대립으로 고민한다. 여기서 말하는 이상이란 곧 통일을 말하며, 이 통일이 한 단계씩 진행될 때마다 한 단계씩의 기쁨을 느끼게 된다. 그리하여 능히 무한한 통일 작용에 접하게 되면 그만큼 끝없는 평화와 기쁨을 느끼게 될 것이다.

다시 말해서, 이른바 '자기'라는 것은 저마다의 인격이라고도 할 수 있는데, 이것은 곧 정신의 통일 작용 바로 그 자체이다. 통일이 진행되는 것은 곧 자기를 확대해 나가는 것이므로, 지금까지 타인으로서 나에게 대립하고 있던 것을 자연히 자기 마음에 포용하게 된다. 그뿐만 아니라, 이른바 '성인의 경지'에 도달하게 되면 오로지 인간뿐만이 아니고 짐승이나 초목 따위, 곧 삼라만상에까지 포용력이 미치게 되어 만유가 모두 인격화하여 따라오는 것이다.

양명의 高弟이며 妹弟이기도 한 徐愛는 스승의 학설을 받아들여, 성인을 수양이 잘된 마음을 지닌 사람이라고도 말한다. 心은 곧 理라는 주장에서, 이 마음을 밝게 닦아 나가는 것이 모든 사물의 이치에 밝아지는 길이요, 이로써 만유를 자기 안에 포용할 수 있다고 하였다. 이렇게 만유가 자기 안에 포용되면 여기에 필연적으로 따르는 것이 仁이다. 그러면 仁이란 무엇인가?

仁이란 필경 人과 人, 人과 物을 본래의 天에다 완전하게 만들어서 반환하는 작용이라고 생각하면 이해하기 쉽다. 예를 들면, 어버이가 자식을 사랑하는 것은 어버이가 자식과 일체가 되는 작용을 말함이니, 이렇게 되면 비로소 그 가운데 道가 생겨난다. 이런 견지에서 양명은 대인론과 소인론을 펴고 있다.

대인은 천지 만물을 일체로 만드는 자이다. 그는 천

하를 오히려 一家처럼 보고 대륙을 한 뼘의 땅처럼 보아서, 그 사이에 추호도 차별을 두지 않는다. 이와 반대로 구구한 形骸에 의하여 '너'와 '나'를 격리시키는 자는 小人이다. 대인의 良知는 능히 천하 만물을 포용하는 데에 반하여, 소인의 양지는 좀체로 하나의 형해에서 탈피하지 못한다. 이러한 관계를 〈전습록〉에 있는 서애의 말을 빌려 살펴본다.

"마음이란 마치 거울과 같은 것이다. 성인의 마음은 밝은 거울과 같고 보통 사람들의 마음은 흐린 거울과 같다."(心猶鏡也 聖人心如明鏡 常人心如昏鏡.)

그런가 하면 육상산은 또 이렇게 말했다.

"양지란 누구나 타고나는 것인데, 그것이 외부적으로 가리고 흐려져 보전하기에 장애를 받는 것이다. 다만 성인은 많은 분량을 타고나므로 나면서 알고 순조롭게 행한다. 보통 사람들은 어린아이 때부터 누구나 이런 양지를 갖추고 있으나, 다만 어릴 때에는 장애가 많다. 소인의 양지도 이와 크게 다를 바가 없으나, 본체로서의 양지는 그 자체가 없어지기는 어렵다. 그들이 학문을 하고 자신을 이겨내고 다스리는 것은 오직 그것에 의하여 이루어지는 것이다.

보편적으로 성인은 나면서 알고 보통 사람은 배워서 안다고 생각하고 있으나, 사람은 모두 양지를 타고나므로 누구나 나면서 알기도 하고 배워서 알기도 한다. 다만 보통 사람과 성인이 차이가 있는 것은 그 양지가 어느 정도 장애를 받고 가리워져 있느냐에 달린 것이다. 물론 타고난 바탕에는 개인적인 차가 있지만, 노력만 하면 누구라도 성인이 될 수 있다."

이것은 육상산의 筆錄에 의한 것인데, 이 주장은 성인과 범인, 즉 대인과 소인을 양지에 의하여 나눌 수는 있으나, 양지는 다같은 것이므로 누구나 노력만 한다면 그 차이를 좁혀, 소인도 성인의 경지에 이를 수 있다는 가능성을 말하고 있다.
　이러한 주장을 받아들여 다시 양명은 다음과 같이 말했다.

"후세 사람들은 성인이 되는 근본이 천리에 있음을 모르고, 오로지 지식과 재능으로 성인이 될 것을 추구했다. 그들은 성인이라면 모르는 것이 없다고 생각한다. 자기는 반드시 성인의 여러 가지 지식과 재능을 하나하나 모두 이해해야만 한다고 생각한다. 천리에 대한 공부는 힘쓰지 않고, 공연히 정력을 낭비하고 힘을 다하여 책에 대해서만 연구한다. 그리하여 명칭과 器物에 대해서만 고증하고 형식적인 것들만 흉내내려 한다. 지식이 넓어질수록 사람의 욕망은 더욱 불어나고, 재질과 능력이 많아질수록 천리에는 더욱 어둡게 되는 것이다."(後世不知作聖之本 是純乎天理卻專去 知識才能上求聖人 以爲聖人無所不知 無所不能 我須是將聖人許多知識才能 逐一理會始得 故不務去天理上着工夫 徒弊精竭力從冊子上鑽硏 名物上考察 形迹上比擬 知識愈廣而人欲愈滋 才力愈多而天理愈蔽.)

또 말했다.

"성인의 양지는 푸른 하늘의 해와 같은 것이고, 현인의 양지는 구름이 낀 하늘의 해와 같은 것이며, 어리석은 사람의 것은 음산한 날의 태양과 같은 것이다. 비록 어둡고 밝은 것은 같지 않더라도, 그것들이 희고 검은 것을 분별할 수 있다는 점에서는 같다."(聖人之知如靑天之日 賢人如浮雲之天日 愚人如陰霾天日 雖有昏明不同 共能辨黑白則一.)

이러한 말은 모두 소인의 양지가 규모는 작을지라도 그 노력 여하에 따라서 성인이 될 가능성이 있음을 나타낸 말이다. 그러나 대부분의 사람들은 성인이 가지는 仁을 추구하려 하지 않는다. 그래서 그들의 안목으로 볼 때, 대인의 경지는 저절로 부자연스럽고 거북하며 꺼림칙하기까지 하다.

그렇다고 해서 대인이 그런 경지를 작위적으로 꾸며 仁을 나타내는 것은 아니다. 그것이 곧 仁의 자연스러운 작용이 아닐까. 仁이란 대상과 하나가 되려는 작용이다. 대인이 천지 만물을 일체로 만드는 것은 대인의 仁이 이를 천지 만물과 하나로 되게 할 수 있기 때문이다. 이 仁의 작용은 오로지 대인에 한정된 것은 아니며, 양명의 주장대로 비록 소인의 마음이라 해도 하등 다를 바 없다. 다만 소인은 仁의 작용을 스스로 축소하려는 것이 다를 뿐이다. 仁은 대인·소인이나 성인·범인을 통해 한결같이 갖추고 있다.

일례를 들어보자. 전술한 바처럼, 지금 한 어린애가 우물에 빠지는 것을 볼 때, 누구나 부지중에 가슴이 섬뜩해지는 것은 곧 보는 사람이 그 어린애와 일체가 되기 때문이다. 어린애는 또 우리와 같은 인간이므로 그렇다 하고, 가령 새가 슬프게 우는 소리를 들으면 우리들은 부지중에 마음에 걸리게 된다. 이는 곧 우리들이 그 날짐승과 일체가 되기 때문이다. 날짐승도 지각을 가진 동물이라 그렇다 치면, 초목과 같은 식물도 그것이 꺾이는 것을 보고 전혀 무관심할 사람은 없을 것이다. 이것이 仁의 덕분으로 곧 초목과 일체가 됨을 말한다. 뿐만 아니다. 기왓장 같은 무생물에 대해서도, 그것이 깨지는 것을 보면 역시 우리들은 아깝게 생각한다. 그것의 물질적인 가치를 떠나서 단순히 깨진다는 그 자체가 아까운 것이다. 그러므로 천지 만물은 모두 우리들과 일체이며, 이는 대인이나 소인을 막론하고 그러한 이치는 변함이 없다.

실재의 통일 작용으로서의 우리들의 정신은 천지 만물에 대해서 독립한 존재인 것 같지만, 실은 천지 만물을 떠나서 '나'는 없다. 仁은 실재의 근저로부터 발하여 자연에 비추어 우리들의 영혼을 빛내는 것이므로 이를 명덕이라고 한다. 덕이란 천리의 보존과 함양, 그리고 人性에 따르는 활동을 말한다. 그래서 性은 곧 心이요 심은 곧 理이므로 '心卽性'이라 하는 것이다.

여기까지 말해 온 것은 다시 良知의 설명으로 되돌아간다. 이미 仁은 주관과 객관이 합일하는 정신 작용임을 알았다. 주객 합일은 어떻게 해서 가능한가 하면, 그것은 실재의 밑바닥에 통일하려는 의지가 작용하므로, 곧 天理가 人心에 존재하기 때문이다. 이 경우, 특히 그것을 양지라고 할 수 있을 것이다. 결국 천리와 양지는 동일하며, 모두 성인과 愚夫를 가르는 일이 없고 천하 고금을 통해서 동일하다.

사람의 마음마다 본래 성인이 있다는 것은 곧 누구나 양지와 천리를 품고 있음을 뜻하는 것이다. 사람들은 자신이 가지고 있는 양지를 물욕으로 가려 버림으로써 성인이 못 된다는 것이다. 양명은 학문이란 人欲을 버리고 천리를 보존하게 하는 것이라고 이를 강조한다.

그러니 누구에게나 가지고 있는 양지란 성인과 하등 다를 바가 없다. 愚夫愚婦도 이 점에 있어서는 조금도 다를 바 없다. 그래서 온 거리의 사람들이 모두 성인이더라는 말이 나왔다.

유명한 시인 董蘿石은 만년에 양명에게 청강한 사람인데, 하루는 바깥에서 돌아와 스승에게 말하였다.
"오늘 이상한 일을 보았습니다."
양명이 말했다.
"무엇이 이상하단 말이오?"
"온 거리의 사람들이 모두 성인임을 보았습니다."
"그것은 평범한 일인데, 무엇이 이상한가?"

다만 성인은 능히 양지를 체인하고 활동하지만, 愚夫愚婦는 그것을 알 수 없을 뿐이다. 진실로 능히 양지를 체인한다면 누구든지 성인이 될 수 있을 것이다.

양명이 말했다.
"양지에 대하여 투철한다면 그에게 멋대로 천만 가지 말이나 이론을 내놓는다 할지라도 시비·진위가 그 앞에서 자연히 분명하여질 것이다. 그 양지에 합당하면 옳고 합당하지 않으면 그릇된 것이다."(這此子 看得透

澈 隨他千萬語 是非誠爲 到前便明 合得的便是 不合得的便非.)

　보통 모든 정신 작용을 총칭하여 心이라고 하며, 선대의 학자들은 일반적으로 이 심에 대하여 體와 用으로 나누고 있다. 그것은 곧 우리들의 정신에 통일을 요구하는 의지가 있음을 뜻하는 것이다. 심이란 무엇인가 하고 분석적으로 고찰해 보면, 우선 알 수 있는 것은 자기의 관념이나 情·意 따위인데, 그렇다고 해서 이 심이 단순히 관념이나 情·意의 결합이라고 말한다면 쉽사리 수긍되지 않는다.

　예를 들면, 나뭇가지에 막연하게 잎이나 꽃을 모아 보았자 도무지 꽃나무가 되지 않는 것과 흡사한 것이다. 그것들을 통일하는 어떤 것이 내재해서 비로소 한 개의 구체적 실재가 된다. 이 이치는 어떠한 경우에라도 변함이 없다. 나뭇가지나 꽃 또는 잎이 그 통일자를 기다려 비로소 의의를 가진다.

　관념이나 情意도 역시 마찬가지다. 그래서 선인들은 내면적으로 곰곰이 성찰한 결과 體와 用으로 나누어 생각한 것이다. 性이란 이 심의 본체를 가리키는 말인데, 그것은 어디서 유래하는가 하면—그 稟賦한 점에 대하여 말한다면—실재의 통일 작용의 발현이므로, 이에 '심의 체는 性이며 성의 근본은 天이다'라고 말할 수 있다.

그리고 그 통일 작용을 특히 강조하여 '성은 곧 理다'라고 하는 논리가 성립될 수 있다. 여기에서 성과 양지는 또한 일치하는 것이다.

그러면 이제까지 말한 것을 알기 쉽게 간략히 정리해 보자.

요컨대 단 하나의 유일한 사실, 그것의 상징으로 天을 말하였는데, 이를 인격화하여 帝를 天子라고 하였다. 이 제왕의 필연적으로 발동하는 형식을 가리켜 命이라고 한다. 그것이 인간에게 비추어 발현되면 이 경우를 性이라고 하고, 그것이 우리들의 육체인 物에 대립하면 이를 心이라고 하였다. 이는 모든 관찰 방법상에서 오는 정의에 불과하다.

〈中庸〉에 이른바 '천명을 性이라 하고 성을 따르는 그것을 도'라고 하는 말을 잘 음미해 보자. 즉, 도란 실재의 통일 작용의 발동을 가리키는 것에 불과하다. 이것을 바꾸어 말하면, 양지가 곧 도라는 말이 되는 것이다. 이렇게 보면 유학상에서 궁구하는 바는 모두 하나의 원리에 귀일됨을 알 수 있다.

공자가 자공에게 물었다.

"賜(子貢)야! 너는 내가 많이 배우고 많이 기억하여 모든 도리를 아는 것이라고 생각하느냐?"

자공이 대답했다.

"그렇다고 봅니다만, 그렇지 않습니까?"

공자가 말했다.

"그렇지 않다. 나는 하나의 도리로써 만유를 일관하였다."

徐愛는 〈전습록〉의 서두에서 스승의 학문하는 방법을 이렇게 말하고 있다.

"마음이란 마치 거울과 같은 것이다. 성인의 마음은 밝은 거울과 같고 보통 사람의 마음은 흐린 거울과 같다. 요즘 朱子의 격물에 대한 해설은 마치 거울로써 물건을 비추어 보려고만 하는 것과 같다. 비추는 공부만 하면서 거울이 아직도 흐리다는 것을 알지 못하고 있으니, 어떻게 비추어 볼 수 있겠는가? 우리 선생님의 격물에 대한 해설은 마치 거울을 닦아서 그 거울을 밝게 하려는 것과 같다. 닦는 공부를 하여 밝아진 후에는 비추어지지 않는 것이 없게 되리라."(曰仁云 心猶鏡也 聖人心如明鏡 常人心如昏鏡 近世格物之說 如以鏡照物 照上用功 不知鏡尙昏在 何能照 先生之格物 如磨鏡而使之明 磨上用功明了後 亦未嘗廢照.)

이 말은 주자의 주장과 양명의 주장을 비교·대조하여, 간단 명료하게 그 상위점을 해명한 글이다.

양명은 心卽理의 입장에서 성인의 마음을 거울에 비

유하여서, 마음만 밝게 닦으면 모든 사물의 이치는 저절로 밝아진다고 하였다. 제 마음을 버려 둔 채 사물을 대하여 그 이치를 궁구하려면 한이 없다.

이 항목에서 우리는 실재에 대하여 그 대강을 알아보았다. 이제 이 실재론을 기초로 하여 양명학에서 주장하는 도덕의 문제를 살펴볼까 한다.

2 知行合一說

知行合一이란 한 가지 생각이 발동하는 곳, 그것이 곧 행동임을 알게 하려는 것이다.

양명이 말했다.

"생각이 발동했을 때 나쁜 것이 있으면, 곧 이 나쁜 생각을 극복하여 넘어뜨려야 한다. 그리하여 반드시 뿌리째로 철저하게, 그 나쁜 한 가지 생각이 가슴속에 숨겨져 있는 일이 없게 하여야 한다."(發動處有不善 就將這不善的念克倒 須要徹根徹底 不使那一念不善潛伏在胸中.)

사람들은 흔히 생각만으로 범죄가 될 수 없다고 하지만, 생각 자체가 바로 행동이므로 생각 자체에도 不善한 것이 없도록 수양하라는 것이 곧 양명의 주장이다.

전항에서는, 대체 우리들이 사는 이 세계란 어떤 것인가 하는 문제를 탐구하였다. 그리하여 세계는 곧 큰 心이며, 세계가 성립되는 밑바탕은 결국 우리들 심의 본질인 性이며 양지라고 하는 결론을 도출해 냈다.

이로써 이제 우리가 演繹해야 할 문제는 우리들 인간은 이렇게 되니 무엇을 어떻게 해야 할 것인가. 어느 곳에 안주할 것인가. 선이라는 것과 악이라는 것과의 갈등은 어떻게 해결해 나가야 하는가 등등의 가장 긴요한 인생 문제다.

앞에서도 말한 바와 같이, 원래 우리들의 마음이란 혼연히 체계를 이룬 통일적 활동이며, 知와 情·意 등으로 단순히 집합된 것이 아니다. 知나 情, 또는 意는 心의 작용을 편의에 따라 추상한 것뿐이고, 심의 작용에는 언제나 3자가 갖추어져 있음을 알아야 한다.

〈대학〉에서는 이 심적 활동의 일체를 이렇게 설명하였다. '좋은 빛을 좋아하는 것과 같고, 나쁜 냄새를 싫어하는 것과 같다'고.

좋은 빛을 좋아한다는 심리적 활동 중에서, 빛을 판단하는 것은 知의 작용에 속하고, 이를 좋아하는 것은 行, 즉 情意에 속한다. 편의상 이같이 知와 行을 나누어 말할 수도 있지만, 그러나 그것은 빛을 좋아한다는 知 다음에, 좋아한다는 정의(行)를 세워서 각기 독립된 두 가지 마음을 결합한 것은 결코 아니다.

이에 대하여 양명은 이렇게 말했다.

"知란 행의 本意며 행이란 지의 공부인 것이다. 지는 행의 시작이며 행은 지의 완성이다. 만약 무엇을 깨달았을 때 단지 한 가지, 知만을 말하지만 이미 스스로 행동도 거기에 존재하는 것이다. 단지 이 한 가지, 행만을 말한다고 하더라도 이미 스스로 지가 거기에 존재하는 것이다."(知是行的主意 行是知的功夫 知是行之如 行是知之成 若會得時 只說一箇知已自有行在 只說一箇行已自有知在.)

지행합일의 학설은 양명학설의 특징 중의 하나다. 지와 행은 별개의 것이 아니고 같다.

그러니까 좋은 빛이라는 판단 작용은 이미 좋아한다는 행(情意)의 작용을 포함하고 있으므로, '좋아한다'는 것은 필연적으로 좋은 빛에서 도출되어야 한다. 이와 같은 나쁜 냄새라고 하는 판단은 곧장 싫어한다는 행을 함축하고 있는데, 마찬가지로 '싫어한다'는 것은 '나쁜 냄새'에서 나오는 것이다.

양명은 孝悌를 가지고 이를 설명하였다.

"어떤 사람이 孝와 悌를 알고 있다고 한다면, 그 사람은 반드시 이미 효를 행하거나 제를 행하고 있는 것이다. 그는 이 때문에 효를 알고 제를 안다고 말할 수도 있게 된다. 단순히 효와 제를 말할 줄 안다고 해서, 곧 그가 효제를 안다고는 이를 수 없는 것이다."(就如稱某人知孝某人知悌 必是其人已當行孝行悌 方可稱他知孝知悌 不成只是曉得說此孝悌的話 便可稱爲知孝悌.)

양명은 말했다. 鼻塞人은 악취를 발산하는 물건이 있어도 도무지 싫어할 줄 모르는데, 그것은 악취를 못 느끼므로 싫어하는 행도 나오지 않는 것이라고 한다.

이와 같이 심적 활동을 시험삼아 나누어서 지와 행을 말하면, 지와 행은 하나의 체계를 이루어 함께 발전하여 나가는 것이니, 그래서 지는 행의 시작이요 행은 지의 완성이라고 말하는 것이다.

따라서 양명의 주장을 받아서 말하면, 지를 말할 때에 이미 거기에는 행이 존재하고, 행을 말할 때에 이미 거기에는 저절로 지가 있게 된다. 어버이에 대한 효행이 무엇인가를 알고 있다면, 그 사람은 이미 일찍이 어버이에 대하여 효도를 행한 경험이 있음으로써 비로소 효행을 안다고 말할 수 있으며, 그저 어버이에 대한 효행이라는 말만 들은 것으로써는, 참으로 어버이에 대한 효행을 알고 있다고 말할 수 없는 것이다. 그것은 마치, 괴로움을 당하지 않고는 그 괴로움을 알 수 없고, 추위를 당하지 않고서는 춥다는 의미를 모르며, 굶주려 보지 않고는 배고프다는 것을 모르는 것과 마찬가지다.

그런데 효도를 행해야 된다는 것은 알고 있지만, 좀처럼 실제로 행할 수는 없다고 해서 지와 행을 끊어서 둘로 구별하는 것은, 곧 아직도 지가 공허한 견문에 그치고 참된 인격활동이 되어 있지 않기 때문이다. 적어도 참된 지가 된다면, 그 활동의 본질상 필연적으로 발전하여 情과 意의 실행을 수반해야 한다.

양명의 지행합일에 대한 이러한 주장은 특히 주자학파의 性理學이 이론에만 치우쳐서, 유학 본연의 실천적 도덕관이 등한시되었기 때문이기도 하다. 그는 이론에는 반드시 실천이, 즉 실행과 체험이 뒤따라야 한다고 생각하였다.

요컨대 지는 행동의 主意이며 행은 바로 지의 공부다. 쌍방간에 相扶하여 자기를 발전시키고 완성해 나간다는 것이다.

이러한 깊은 내면적 관계를 파악하지 않고, 일반적으로 我를 떠난 단순한 추상적 생각을 知라 하고,(예를 들면, 효란 어떤 것이냐 하는 것을 충분히 개념적으로 밝히고 나서, 비로소 효를 행할 수 있다고 하지만) 원래 지의 완성은 행의 임무인 것이며, 행을 버리고 지를 완성하려는 것은 영원히 불가능한 일이다.

그래서는 평생 동안 효란 무엇인가 하고 생각하다가,

마침내는 효를 알지 못하고 일생을 마치게 될 것이다.

이에 대하여 양명은 학문하는 태도를 다음과 같이 말했다.

"세상의 선비들은 사물 하나하나에 대하여 이치를 추구하라고 가르치고 있다. 이것은 근본이 없는 학문 방법이다."(世儒敎人 事事物物上去尋討 却是無根本的學問.)

이는 주자학의 반론이기도 한데, 말하자면 학문하는 근본 방법은 사물에 올바로 대처하는 것이며, 이로써 참다운 진리를 깨칠 수 있다는 것이다. 지행합일의 의의는 참으로 독창적이라 아니할 수 없다. 허공에 떠서 오직 생각만을 하는 사람에게 특히 강조할 필요가 있는 말이다.

그러나 이와 반대로, 어떤 경우에는 생각 없이 무턱대고 作行만을 하는 사람이 있다. 이런 경우도 前者와 같이 곤란하기는 매일반이다. 이를테면, 우리들의 마음은 단순한 활동이 아니고, 무한한 대립이 포함된 복잡한 활동이므로, 항상 가지가지 욕망과의 경합을 낳고 있다. 이 경우 어느 욕망과 요구를 실현할 것인가. 무엇이 내가 구하는 궁극적 목표인가. 이것을 깊이 성찰할 필요가 있다. 그런데 그 사람은 전혀 지를 모르고 경솔하게 행만 취하여 이로 인해서 가지가지 파탄이 생기게 된다. 이러한 사람에게는 특히 知的인 면을 힘써 가르쳐야 한다. 즉, 편파적인 것을 돌보아 주고 폐단에서 이를 구하기 위함이다.

이러함으로써 고인도 지와 행을 나누어서 말한 것인데,(주자학파의 경우) 이것은 원래 병 주고 약 주는 일이나 다를 바 없다.

본체는 어디까지나 지행합일이다. 만일 지행합일의 참된 뜻을 체득한다면, 이를 둘로 나누어도 아무런 지장이 없을 것이다.

말하자면 양명 이전의 학문은 너무 추상적인 지식에 기울어 있었던 것이다. 우리들에게 가장 직접적인—곧 의심할래야 의심할 수 없는 사실 그 자체로부터 떠나서, 오로지 추상적으로 형성된 공허한 관념을 고찰하는 것이 그 당시까지의 학문이었다. 그 까닭은 학자가 이제까지 이룩한 학문의 성과만을 중요시하고, 진리를 탐구하는 그 자체에 존귀한 의의가 있다는 것을 모조리 망각해 버리고 있었기 때문이다. 이러한 폐단이 어찌 중국에만 한정될 것인가. 조선조를 통하여 우리 유가들의 행적을 생각해 보자. 그리고 오늘날에도 이러한 폐단은 타파되지 않고 있다. 학문이란 잔존해 있는 典籍에 대하여 그 의의를 찾고 놀라곤 하는 데에 그치는 것이 아니다. 전해 오는 經書를 바탕으로 하여서, 나아가

진리를 탐구하는 행을 존중하는 학문이다. '溫故而知新'을 말한 공자의 사상이 위대한 점은 여기에 있다.

여기서 〈전습록〉에 나타난 孔子觀을 잠깐 살펴보자.

"공자가 〈易〉〈書〉〈詩〉〈禮〉〈樂〉〈春秋〉 등 6經을 편찬한 것은 시대적인 요청으로 부득이한 일이었다. 당시 異說이 분분하여 道가 혼란해져 잘못된 방향으로 기우는 것을 근심했기 때문이다. 어느 하나라도 보태고 敷衍한 것이 없음이 공자 저술의 특징이다. 〈춘추〉를 보더라도 공자는 〈魯史〉를 바탕으로 좋은 귀감이 될 典範을 사실적으로 기록함에 불과하다. 그리고 오히려 번잡함을 깎아내고 찬술하였을 뿐 보태지는 않았다. 공자는 세상에 번거로운 글이 퍼져 도를 어지럽힐까 두려워하였으며, 그렇게 해서도 공자의 初志대로는 일관되지 않았다 한다. 그것은 글로써 사람을 가르치려 한 것이 아니면서도, 진실의 추구를 인도하려는 의도가 내재함으로써 그렇게 된 것이다. 따라서 진시황이나 한고조의 행적은 어떤 의미에서는 공자의 이러한 의도를 지원한 것이라고도 볼 수 있다. 천하가 잘 다스려지지 않은 까닭은 글은 성한 반면에 진실은 쇠하여, 오직 사람들은 제 나름대로의 견해를 내놓음으로써, 신기하다고 여기고 이를 고귀하다고 하여, 세인을 현혹시키고 명성을 얻으려는 데에 있었다. 쓸데없이 천하 사람들의 총명을 어지럽히고, 천하 사람들의 눈과 귀를 가림으로써, 그들로 하여금 모두가 앞다투어 글을 꾸며내기에 힘쓰게 하여 서로 세상에 알려지기를 바라게 되었으니, 이러고서야 도가 문란해지지 않을 수 없다. 공자는 이를 경계한 것이다."

이 말은 知에 대하여 눈을 가리고 行에 대해서만 급급한 佞者들의 폐단을 가리킨 것이라고 하겠다.

대체로 經이란 실재에 의해서 성립된 근본 원리를 말한다. 이 원리가 우주의 문제로 발현되면 이를 命이라 하고, 사람에게 있어서는 性이라 하며, 몸을 위주하여 心이라 한다. 그래서 〈중용〉에서 '하늘이 명해 준 것을 性이라 한다(天命之謂性)'고 하였다. 그러니 命이 바로 性이다. '性을 따르는 것을 理라고 한다(率性之謂理)'고 하였으니 性은 理이며, '理를 따르는 것을 도라고 한다(率理之謂道)'고 하였으니 理는 곧 도이다.

〈맹자〉에서 말하는 이른바 惻隱・羞惡・辭讓・是非의 四端은 모두 실재(天)의 원리에 입각하여 자기를 실현하려는 노력일 뿐이다. 그리하여 이것이 부자간의 親이 되고, 군신간의 義가 되며, 부부간의 別, 長幼간의 序, 朋友간의 信으로 되는 것이다. 〈시〉〈서〉〈역〉〈춘추〉〈예〉〈악〉 등 이른바 6經은 곧 이러한 실재 원리의 발현이라고 하는 우리들 마음의 조리와 常道를 밝힌 것에 불과하다.

따라서 이를 비유하여 말하면, 성헌이 남긴 6경이란 것은 마치 재산가의 선조가 고심으로 경영하여 획득한 사업의 寶庫를 자손대에 이르러도 탕진하지 않도록 명료하게 기록으로 남겨 두는 것과 같은 것이다. 그래서 6경은 결국 우리들 마음의 기록과 문서이기 때문에, 6경의 실질적인 말씀은 우리들 마음에 갖추어져 있게 마련이다.

이에 대해서는 양명이 힘써 찬양한 육상산도 일찍이 역설한 바이다. 그의 語錄에 이런 글이 있다. '학문이란 적어도 그 근본을 알게 되면 6경이 모두 우리의 바탕(註脚)이 된다'. '내가 6경을 주해하는 것이 아니라 6경이 나를 주해하였다' 운운한 것은 이를테면 부자의 유산 그 자체는 집에 두고, 기록만 이름이 붙어서 조목으로 남아 있다는 말이다. 세상의 학자들은 6경이 나타내는 실재와 본질을 우리의 마음에 비추어 탐구함은 망각하고, 단지 옛날의 지면에 기록되어 전개된 관념의 圓形을 연구하고, 공허한 문자의 해석에 사로잡혀 흐리멍텅하고 완고한 상태로 6경을 云謂하고 있다. 그것은 저 부자의 자손들이 남겨진 기록만을 소중히 여기고, 그 유산 자체는 벌써 탕진해 버려 마침내 거지 신세가 되어서도 우리 집 유산은 이만큼 있다고 잠꼬대를 하는 것과 마찬가지다. 양명이 6경을 그대로 두어서는 휴지에 불과하다고 말한 것도 이 때문이다.

이와 같이 6경은 그대로 두면 지면 위에 전개된 문자의 배열에 불과하지만, 그러나 여기에다 마음을 비추어 진리를 구할 양이면, 6경은 知·情·意가 혼일된 뚜렷하고도 당당한 理想의 발전으로 보인다. 일반적으로 말하는 6경이란 보잘것없는 종이에 불과하지만, 眞과 實로써 6경을 펼치게 되면, 거기에는 반드시 산 인격의 약동이 있다는 것이다. 이리하여 양명의 지행합일설은 그때까지 비평가들에 의하여 논의된 관념적인 문제가 아니고, 情과 意의 강조요 일관된 인격 생활의 주장이었다.

양명은 말했다.

"도란 알고 나면 본래부터 알았다고 생각되지 않으며, 깨닫고 나면 본래부터 깨닫고 있는 것이 아니었다고 생각한다. 그러나 알지 못하면 그것은 곧 묻혀서 자기와는 무관한 것이 되고 만다."(知來本無知 覺來本無覺 然不知則遂淪埋.)

도를 궁구함에 있어서 이처럼 절실해야만이 그 본질을 깨달을 수 있을 것이다.

인간이 과시하는 학문이라는 것은 자칫 공허한 관념

으로 타락하기 쉬우며, 참된 학문과 지식은 제 마음에 비추이 반대로 궁리해야 한다.

그러면 이제 여기에서 한 걸음 나아가 인생 행로에 있어서, 언제나 집요하게 우리들의 마음을 괴롭히는 선·악의 문제를 해명해 본다.

양명이 그의 제자 薛侃에게 가르친 이야기가 있다.

전술한 대로 설간은 꽃을 좋아하여 안뜰에다 꽃을 심고, 여가 있을 때마다 그 속에 자란 잡초를 뽑곤 하였는데, 어느 날은 풀을 뽑으면서 부지중에 탄식하며 중얼거렸다.

"세상에서는 어째서 이처럼 선을 기르기가 어렵고 악을 제거하기가 힘드는 것일까?"

그런데 여기서 생각해 볼 문제가 있다. 무슨 까닭으로 꽃은 선이고 잡초는 악이 되느냐? 과연 선이다 악이다 하고 구별하는 것이 절대적으로 있을 수 있느냐 하는 것이다.

우주의 섭리로 볼 때 꽃이나 잡초나 하등 다를 것이 없다. 꽃이나 잡초 그 자체에 선악의 구분은 없다. 다만 이 경우, 설간의 뜻이 꽃을 재배하는 일이기 때문에, 그에게는 꽃은 선이요 이를 방해하는 잡초는 악으로 비유된 것이다. 만일 어떤 형편에서 풀이 유용한 경우에는,

도리어 풀을 위하여 꽃이 방해가 되며, 풀은 선이 되고 꽃은 악이 될 것이다.

즉, 선악이란 절대적인 구별이 아니고 단지 편의상의 상대적 구분에 불과하다. 만일 선과 악이 절대적으로 구분되는 것이라면, 인간의 도덕은 만고 불변이라야 할 것이다. 그러나 어느 시대에도 도덕적 불안이 계속되고 있으니 이는 무엇에 원인을 두고 있을까.

우리는 도덕에 대하여, 주관적인 면과 객관적인 면으로 나누어 생각할 수 있다. 우리가 나와 남의 행동에 대하여 도덕적 판단을 내리는 것은 우리들에게 있는 도덕적 의식의 작용이며 그것은 곧 주관적인 면이다. 그러나 도덕적 의식도 작용이 밖으로 드러나서, 사회적인 제도가 된다거나 풍속—습관이 된다거나 하면, 이것은 곧 객관적인 면이 되는 것이다.

이런 경우, 도덕이란 것이 변하지 않는 것이라면 주관적 도덕과 객관적 도덕 간에 그 어떤 모순이 일어날 리 없겠지만, 사실은 그렇지가 않아서 언제나 모순이 되고 충돌이 생긴다. 어떤 시대에 선이던 도덕이 다음 시대에 이르러 악이 되는 예가 비일비재하다. 아니, 시대적 차이에서뿐만이 아니다. 도덕은 장소에 따라서도 다르고, 또 사람에게 있어서도 언제나 일치하기는 어렵다. 그것은 결국 도덕은 변화하는 것이며, 따라서 선악이란 상대적 구분에 불과하다는 것을 말해 주고 있는 것이다.

이렇게 말해 놓고 보니, 그러면 선악은 아무런 의의가 없는 것이 아니냐 하는 의문이 생긴다. 그러나 실상 도덕이란 환영처럼 공허한 것이라고 생각되기도 하지만 결코 그런 것은 아니다.

원래 대립이라는 것은 그 안에 통일을 예상할 수 있으며, 변화란 것은 그 밑바탕에 불변을 내포하고 있다. 우리들은 통일 없이는 대립을 생각할 수 없고, 불변을 떠나서는 변화를 이해할 수 없다. 선악에 대하여 상대적 구분이 있다 운운하는 것은 동시에 선악을 통일하는 근본 원리를 내보이는 것이며, 도덕이 변화한다 하는 것은 곧 도덕의 불변을 증명하는 말이기도 하다.

그러나 도덕은 불변한다라고 해서, 그것이 어느 때 어떠한 경우를 막론하고 충분히 합당할 수 있는 행위의 모형이 있다는 말은 물론 아니다. 그것은 다시 말하면, 어느 때 어떤 경우에서든지 도덕을 성립시키는 근본 원리가 존재한다고 말하는 의미가 된다. 선악의 구분도 이런 논리를 따라 통할 수 있는 일이다. 어느 때 어떤 경우에라도 선악을 성립시킬 수 있는 근본 원리가 존재하고 있는 것이다.

이러한 관계를 이제 周濂溪(敦頤)와 앞의 설간의 '풀을 뽑는 이야기'로 생각해 본다. 즉, 설간이 풀을 제거하려는 것은 어떠한 마음인가?

이에 반하여, 주염계는 창문 앞의 풀을 제거할 생각은 않고, 그 정경을 보고 우주의 무한한 진리를 깨달았다고 한다.

설간이 풀을 뽑는 데에는 이유가 있다. 다시 말하면 풀을 제거함에 있어 욕구가 움직이고 있다. 그러나 주염계의 경우는 이유가 없다. 풀을 제거함에 대해서 다른 하등의 욕구도 없다. 전자가 풀을 뽑는 것은 꽃을 잘 가꾸기 위한 목적을 실현하려는 수단이지만, 후자에 있어서 풀은 목적 그 자체로서 취급되는 것에 불과하다. 따라서 어떤 목적을 실현하려는 수단의 대상에 대해서는, 그것이 어느 정도까지 목적에 합당한가 하는 가치 판단이 내려지지만, 이에 반하여 그 자체가 목적으로 되고, 하등 다른 목적의 수단이 되지 않는 것은 가치 판단의 대상이 되지 않는다. 선악이란 이런 가치 판단이 있을 때에만 우리의 관심사가 되는 것이다. 그 자체가 목적인 것, 독립하여 아무 구애도 없는 것은 물론 선악을 초월하고 있으나, 일단 어떤 것에 목적을 둔다면 거기에는 필연적으로 선악이 생기는 법이다. 말하자면 우리의 욕구가 작용함으로써 선악이 생긴다.

성선설에 있어서는 악의 근원이 문제가 된다. 악의 존재를 인정하는 것은 본질적으로 성선설과 모순이 되기 때문이다. 그래서 程明道(灝)는 선과 악은 본질적으로 같은 것이라고 하였는데, 이것은 주염계가 꽃과 잡초를 보면서, 선악을 초월한 우주의 섭리를 보았다는 이야기와 일치하는 것이다.

양명이 말했다.

"이미 악한 생각을 버렸다면 곧 그것은 선한 생각이 되며, 바로 마음의 본체로 되돌아간 것이다."(旣去惡念 便是善念 便復心之本體矣.)

이것은 마음의 본체가 선임을 밝힌 말인데, 악심을 모조리 제거해 버린 상태가 곧 선이라는 것이다. 사람이 악한 일을 하는 것은 자기 마음의 본체를 잃었기 때문이다. 그러나 사람은 이 본체와 자기의 욕망 사이에서 괴로워하면서도 다시 본체로 돌아가려는 노력을 되풀이하고 있다. 이를테면 이 본체로 돌아가려는 노력이야말로 바로 고통인지도 모른다. 다시 말하지만, 이 선악의 문제는 인간에게 끝없는 불안과 집요함을 가지고 우리를 압박한다. 그런데 그것이 결국 우리들의 욕구에서 생긴다면, 어떤 경우에 선이라 하고 어떤 경우에 악이라고 하는가? 이와 같은 선악을 초월한 절대자가 우리들의 어디에 있는가? 이것은 반드시 체득해야 할 문제다.

원래 우리들의 마음은 무한히 복잡한 부분으로 구성

되어 있다. 이들 부분은 교섭이 없는 독립적 존재가 아니고, 흔연히 서로 의지하면서 존립해 있으며, 마침내는 하나의 통일을 이루는 체계적 존재다. 표면상으로는 잡다한 집합처럼 보이지만, 그 안에는 이것들을 필연적 관계로써 성립시키는 통일 원리가 작용하고 있다. 다시 말하면 체계는 이러한 통일자의 自律自展인 것이다.

우리들의 양심이란 것은 마음의 밑바닥에서 활동하는 이러한 통일자를 말하며, 일체의 심적 작용은 모두 자기를 실현하려는 노력이며 갈등이다. 그래서 우리들은 부단히 갖가지 모양의 통일을 구하고 있다. 그 가장 근본적인 형식이 의지라는 것이며, 이 경우 통일의 대상은 의지의 목적, 즉 이상이 되어 나타나고, 이 통일을 완료할 때 곧 목적이 되는 이상을 실현하면 만족이라는 감정이 생긴다.

이런 견지에서 본다면 우리들의 마음은 욕구의 체계이다. 그런데 그 어떤 욕구라도 모두 그 자체에 있어서는 각기 누르기 어려운 충족 이유를 가지고 있으며, 이미 체계인 이상 이들의 욕구는 전체에 대해서, 또 다른 모든 욕구에 대해서 필연적으로 제약을 받지 않으면 안 된다. 말하자면 부분적 욕구는 반드시 전체적 욕구와 일치하지 않는다. 그러면 어느 욕구를 실현할 것인가? 가장 크고도 깊은 전체적 욕구란 무엇인가? 다시 말하면 참된 자기의 목적은 어느 곳에 있는가 하는 문제가 생겨난다.

　예를 들어 지금 어떤 사람이 전문적인 철학 서적을 읽고 싶으면서 또 소설도 읽고 싶다고 하자. 그런데 친구를 찾아가 놀고도 싶다는 갖가지 유혹이 일어난다. 그러나 현재 그는 어떤 철학상의 의문에 부딪혀서 계속 번뇌하고 있다면, 이런 경우 물론 참된 자기의 목적이란 그 철학 서적을 읽는 것에 있다. 단순한 오락으로 소설을 펼치거나 연극을 보러 간다거나 하는 것은 그의 변덕스런 일시의 부분적 욕구라고 할 수 있다. 즉, 참된 욕구에 대하여 말한다면, 양명의 말대로 軀殼(육체)的 욕구에 불과하다는 것이다.

　그래서 선·악의 판단은 어느 것을 취하여 행하는가에 따라 나타난다고 한다. 다시 말하면 참된 자기 마음에 비추어 이것은 선이다, 이것은 악이다 하는 욕구의 차별이 생긴다. 즉, 철학 서적을 읽어야겠다는 욕구는 참된 자기의 요구, 즉 천명이라고 함에 반하여, 소설이나 읽고 연극이나 보러 다니는 것은 악이라고 판단된다는 것이다. 이때 철학 서적을 읽겠다는 참된 자기의 요구 쪽은 저절로 선이 된다. 이와 반대의 요구라고 해도 다를 바가 없다. 자기의 참된 요구가 소설을 읽는 쪽이라면, 철학 서적을 뒤적이는 쪽이 악으로 판단될 것이다. 선과 악이라는 것은 물론 氷炭처럼 상반된 의미를 가지고 있으나 그렇다고 해서 선한 마음, 악한 마음이 따로따로 독립된 존재는 아니다.

양명이 말했다.

"선악은 하나의 物이다. 이것을 상대적인 의미로 이해하는 한, 사람의 性은 선이라고만 말할 수는 없다. 악도 또한 사람의 性이다. 그래서 진정한 자기는 선악을 초월하며 선도 없고 악도 없게 된다. 구태여 말한다면 참된 자기에게 일치되는 것이 선이요, 그래서 참된 자기는 선이라고 하는 것은 잘못이 아니다. 이것이 이른바 〈대학〉에서 말하는 至善이라는 것이다."

〈중용〉에서 본체를 따르는 것을 도라고 하는데, 이는 바로 至善에로의 길을 말하며, 선악의 구별은 성의로써 차츰 완성하게 되며, 이것이 곧 聖人의 도라고 하였다. 그래서 양명은 이미 악한 생각을 버렸다면 바로 그것이 선한 생각이 되며, 즉 마음의 본체로 되돌아간 것이라고 하였다.

학자에 따라서는 다른 용어를 써서 심의 모든 활동을 用이라 하고, 이에 대하여 용을 가능하게 하는 통일자를 體라고 한다. 심의 본체와 그것의 통일 작용을 하는 참된 자기를 곧 性이라 한다.

이렇게 말하면, 심의 통일 작용은 또 바로 실재(天)

의 통일 작용에 연결되므로 곧 천리가 된다. 그러니까 性이든 천리든 참된 자기는 결국 한가지다. 그리하여 선도 없고 악도 없다는 지선으로 귀일하는 유학의 근본 정신이기도 하다. 良知는 바로 지성과 통하며, 맹자의 성선설은 여기에 근거를 두고 있다.

앞에서 말한 바와 같이, 선악의 구별은 성의로써 차츰 완성하게 되는데, 이것은 곧 참된 자기의 性으로 돌아간다. 그리하여 누를래야 누를 수 없게 가장 깊어, 내면에서 필연적으로 우러나는 요구에 따르는 것이야말로 지선이다. 따라서 그렇지 않는 것은 모두 위선이거나 악이라고 할 수 있다. 僞란 것은 남을 속이는 것이 아니라 자기를 속이는 것이다. 이에 반하여 자기를 속이지 않는 것—참으로 내면적인 필연을 따르는 마음을 성의라고 한다.

실재, 즉 天은 誠함으로써 성립된다고 한다. 인간의 性도 역시 그렇지만, 인간은 이를 자각하지 않으면 안 된다. 〈중용〉에도 '誠은 하늘의 道니 이를 성실히 하는 것이 사람의 도'라 하고 있다. '이를 성실하게 한다'는 것은 깊이 음미할 필요가 있는 말이다.

이를테면, 선이란 나를 알고 따르는 일에 전력함을 의미한다. 〈맹자〉에서 이른바 '心을 다하고 性을 안다'고 함이 이것이다. 子貢은 독실히 성인을 믿고, 曾子는 도리어 이를 자기 안에서 구했다. 독실히 믿는 것은 물론 옳은 일이지만, 도리어 구하여 간절하게 기대해야 한다.

양명의 말에 의하면, 주자와 정자도 성인을 尊信하고 있었다 하는데, 그래도 마음에 합당하여 만족하지 않을 때에는 구차하게 복종하지 않았다고 한다.

대체로 성현을 존신함은 그 성현이 자기의 마음에 살아 있어야 의의가 있는 것이다. 공자가 子夏의 마음속에 살아 있는 한, 자하의 공자 숭배에는 생명이 있다. 그렇지 않고 성현이라는 말 때문에 맹목적으로, 혹은 공리적으로 이를 믿었다면 아무런 도덕적 의의도 없을 것이다. 성현이라는 것은 무수한 중생에게 감화를 주었다고 해서 떠받들어진 이름이 아니라, 참된 자기 마음에 정성스럽게 살아 있는 사람이기 때문이다. 그 인격은 단순히 자기의 육체적 요구에 그치지 않고, 넓게 세상의 중생, 또는 짐승이나 초목 따위에까지 미쳐서, 포용하리만큼 廓然大公하게 자기를 성취하고 있다. 표면적으로 나타난 자기 사업의 대소에는 아무런 관계가 없다. 참된 性과 천리, 그리고 良知에 따라서 사는 것이야말로 인간의 제일 주요한 의의가 된다.

그래서 공자는 〈논어〉에서 보이는 바와 같이, 曾晳(點)의 말에 동의한 것이라고 양명은 말했다. 그 1절을 소개해 본다.

子路(由)와 증석과 冉有(求)·公西子華(赤)가 스승

을 모시고 있었더니 공자가 문득 말하였다.

"내가 너희들보다 나이가 좀 위지만 어려워하지 말고 말하라. 너희들은 평소에 남이 알아 주지 않는다고 한탄하곤 했는데, 만일 알아 주는 사람이 있어 등용된다면 어찌하겠느냐?"

자로가 먼저 대답했다.

"어떤 제후국이 큰 나라들 사이에 끼여 병란의 위협을 받을 뿐만 아니라, 이로 인하여 백성들이 굶주리고 있을 때, 제가 그 나라를 맡게 된다면, 3년이 못 되어 백성들로 하여금 용기와 긍지를 갖게 하고, 올바르게 살아갈 길을 깨우치도록 하겠습니다."

공자는 웃고 다음 사람에게 물었다.

"求야 너는 어찌하겠느냐?"

염유가 대답했다.

"사방 육칠십 리나 오륙십 리 되는 작은 나라를 제가 맡게 된다면, 3년이 못 되어 백성들의 살림을 풍족하게 만들겠습니다. 다만 예악과 같은 것은 깊지 못하오니, 재덕이 있는 군자를 기다리겠습니다."

공자는 이번에 공서자화에게 물었다.

"赤아 너는 어찌하겠느냐?"

공서자화가 대답했다.

"감히 한다고 말할 수는 없으나, 그저 그런 것을 배우기를 원할 뿐입니다. 종묘의 제사 때나 두 나라 군주가 회견하는 자리에서, 朝服을 단정히 입고 그 자리를 돕는 小相이 되고 싶습니다."

"點아, 너는 어떠냐?"

증석은 그 동안 시종 비파를 타고 있었는데, 이때 땡! 소리를 내며 비파 타기를 뚝 그치더니, 그것을 내려놓으며 몸을 바로하고 대답했다.

"예, 저는 세 사람의 뜻과는 좀 다릅니다."

공자가 말했다.

"괜찮아, 사양할 필요없다. 모두 제 의견을 말하는 것이니까."

"그렇다면 말씀드리겠습니다. 시절은 봄도 저물어 이미 가벼운 홑옷이 나왔습니다. 저는 아끼는 젊은이와 소년 몇 사람과 더불어 교외로 나가, 沂水에서 목욕하고 저 舞雩가를 소요하면서, 유유히 노래를 부르며 돌아오고 싶을 뿐입니다."

공자는 매우 감탄한 듯 말했다.

"나는 點의 말에 찬성한다."(下略)

이것은 〈논어〉 先進篇에 보이는 글인데, 예로부터 공자와 증점이 대화한 이 구절에 대하여 많은 유학자들이 각양 각색의 해석을 내렸다. 時勢를 타지 못한 불우한 심정으로 초연해 있는 자세라느니, 부패한 사회의 지배계급이 되는 것보다 청소년의 교육이 중요하다는 의미 등으로 해석하였다. 그렇다고 해서 곤란한 이론을 붙일 필요는 없다. 공자는 단지, 참된 자기로 살아가려는 증석의 태도에 대하여 찬미한 것이다. 나라를 다스리거나 외교 사절을 맞아 국사를 보좌하거나, 그 어느 것이든 모두 의의가 있는 일이기는 하다. 그리고 자로나 염구 등도 할 수 없는 일을 말한 것은 아니다. 다만 그들은 모두 선이란 것이 사회적인 사업이라도 하지 않으면 안 되는 것처럼 생각하고 있었다. 그러나 선의 본질은 무엇보다도 먼저 참된 자기 안에 살아 있는 것, 누를래야 누를 수 없는 내면적 필연의 깊은 요구에 따라 성실하게 생활하여 자기를 속이지 않는 것―이것이 증석의 뜻에 나타나 있다.

공자가 항상 자로를 경계한 것은 바로 이 점이었다. 참되고 절실한 도를 자기의 내면에서 구하지 않고 객기를 부리며 조급히 서두르는 것은 도를 추구하는 사람에게 있어서는 위험한 일이기 때문이다.

인생의 궁극적인 문제는 '내가 나를 아는 것' 이외에는 없다. 이는 앞에서와 같이 '明德을 밝힌다'는 말이 된다. '혁명'이라는 말의 진의는 命을 고친다는 말이니, 즉 내가 나로 돌아간다는 뜻으로 곧 明明德이다. 이는 지행합일에서만 가능하다.

이야기가 좀 비약한 느낌이 든다. 여기에 양명과 그 제자 徐愛와의 문답을 통해 이 조목을 정리한다.

서애가 스승에게 물었다.

"지금 어떤 사람이 마땅히 어버이에게 효도하고 형에게 우애해야 할 것을 알면서도 효도하고 우애하지 못하니, 이것만 보아도 知와 行은 분명히 둘인 것 같습니다."

이에 양명이 말했다.

"이는 벌써 사욕 때문에 멀어지고 단절된 것이니, 知行의 합일을 이루지 못한 것이다. 知를 아는 사람으로 행하지 않는 사람은 없으니, 알고도 행하지 않는다면 그것은 아직 알지 못한 것이다. 성현이 사람에게 지행을 가르치는 것은 바로 그 본체, 즉 良知를 회복하게 하려는 것이다. 흔히 사람들은 지행을 둘로 나누어, 먼저 알아야 비로소 행할 수 있다고 한다. 즉, 지에 대한 공부를 하고, 그 진리에 도달한 뒤에야 행하는 공부를 하니, 이래서는 종신토록 행하지도 알지도 못할 것이다……."

이어서 양명은 종합적으로 해설했다.

"대학이란 무엇이냐? 대인의 학이다. 대인은 천지 만물과 한몸이 되기를 추구하여 얻은 사람이다. 그렇기 위해서는 반드시 誠으로써 선을 기르고, 열심히 악을 제거해 가는 것이며, 곧 明德을 밝힘이 이것이다. 이리하여 止至善이 되어 비로소 우주 자연의 본체에 이르게 된다."

이어서 말했다.

"그러나 마음의 본체는 본래 아무것도 아니라는 것을 알지 못하고, 계속 뜻을 지녀 선을 좋아하고 악을 싫어하기만 한다면, 곧 그러한 의식만이 많아져서 넓고 크고 공정하게는 되지 않는다.

〈서경〉에서 말하는 이른바 '좋아하는 작위도, 싫어하는 작위도 없어져야만 비로소 본체에 이르는 것이다. 그래서 성내고 즐거워하는 것이 있으면, 곧 마음의 올바름을 얻지 못한다'고 말한 것과 같다.

올바른 마음— 곧 正心은 오직 성의의 내면적 사고이니, 자가의 심체를 올바르게 체득하여 언제나 맑은 거울이나 균형 잡힌 저울 같은 상태에 있도록 해야 한다. 이야말로 감정이 드러나기 전의 中, 未發의 中이다."

3 格物致知說

앞에서 분명해진 바와 같이 心의 본체는 원래 무선무악이다. 심이란 부단히 자기를 실현하고 발전시켜 나가는 독립된 활동이며 스스로 온전해지려는 활동 그 자체이다. 살려고 하는 의지라 해도 전혀 빗나간 해석은 아니리라. 진실로 '사는 것을 性이라 한다' 해도 크게 틀리지는 않는다. 의지라는 것은 생의 가장 발랄한 근본 형식이라 하고, 실재에 의미를 부여하는 작용에서 이를 知라 하며, 이들의 작용이 요구하는 대상을 物이라고 말한다. 우리들의 육체도 하나의 物에 불과하며, 모두가 본체의 활동과 발전이라고 해야 한다.

양명은 이 物에 대하여 일반적으로 생각하는 유체물만을 가리키지는 않았다. 그는 매우 넓은 의미로 이를 사용했다. 곧 목적을 실현하기 위한 의지의 작용 과정에서, 그 느껴지고 의식되는 대상은 모두 物이라고 했다. 〈대학〉의 '格物'의 '物'은 모두 이런 뜻이다.

여기서 먼저 주자의 격물설을 반대한 양명의 말을 음미한다.

"〈맹자〉盡心章에, 마음을 다하고 性을 알며 하늘을 안다는 것은 바로 〈중용〉의 나면서 알아 평안히 행한다는 것과 같다. 또 存心하며 養性하여 天을 섬긴다 함은, 바로 知를 배우고 行을 이롭게 한다는 것과 같다. 일찍 죽고 오래 사는 것으로 인하여 마음이 흔들리지 않고, 수신하여 죽음을 기다린다는 것은, 바로 곤궁함으로써 알게 되고 애써서 행한다는 것과 같다. 주자는 격물에 관해 잘못 해석하여 그 뜻을 거꾸로 이해하였기 때문에, 마음을 다하고 性을 안다는 것을 物의 이치를 궁리하여 知에 이르는 것으로 보고, 이 때문에 초학자들에게 나면서 알고 편안히 행한다는 성인의 일을 하도록 요구하고 있으니 어찌 가능한 일이겠느냐?"(盡心知性知天是生知安行事 存心養成事天是 格知利行事殀壽不貳修身以俟 是困知勉行事 朱子錯訓格物只爲倒看了此意 以盡

心知性爲物格知致 要初學使去做生知安行事 如何做得?)

격물에 대한 주자의 해석은 결국 그의 학문을 번잡하고 지엽적인 면에 얽매이게 하는 결과를 가져왔다. 사물의 이치에 대하여 추구하는 것도, 자연과학적인 방법을 외면한 채 관념적인 논리만으로 되는 것은 아니다.

이리하여 육상산은 주자와 동시대 사람이면서 그의 학문을 지리하다고 비난하면서, 마음의 수양을 바탕으로 한 새로운 학문 방법을 주장하였다. 양명의 주자 반대론도 여기에 근거한다.

주자는 性이 곧 理라 하였는데, 이에 反하여 육상산은 마음이 곧 理라 하여, 主觀唯心論의 이론 체계를 확립하고 주자와 논쟁을 벌였다. 그들의 친구 呂祖謙의 주선으로 이루어진 鵝湖之會는 유명하다. 여기서 주자는 육상산의 학문을 거짓이라고 공격하였다.

양명은 육상산의 학문 방법을 따라 격물치지를 해설하였는데, 그것은 곧 양지를 완전하게 하려는 맹자의 주장으로 발전한다. 지가 아무런 사사로운 욕망에 사로잡히지 않으면 心의 본체가 된다는 것이다.

"知란 理의 영묘한 곳이다. 그 주재자의 위치를 두고 말할 적에는 곧 그것을 心이라 하고, 하늘로부터 타고난 것을 말할 적에는 그것을 곧 性이라고 한다. 맹자가,

'어린아이라 할지라도 그의 부모를 사랑할 줄 모르는 사람은 없고, 그의 형을 공경할 줄 모르는 사람은 없다'고 말한 것과 같다. 오직 이 마음의 영묘한 능력이 사사로운 욕망에 의하여 막혀 버리지 않고 제대로 확충된다면, 곧 완전히 그 본체가 되어 바로 하늘과 땅의 덕에 합치되는 것이다. 성인에 못 미친 사람이라면, 사사로운 욕망에 사로잡히지 않을 수 없다. 그러므로 반드시 格物, 즉 사물을 올바로 구함으로써 致知, 즉 앎을 완전하게 이루어야 한다."(知是理之靈處 就其主宰處說便謂之心 就其稟賦處說便謂之性 孩得之童無不知愛其親 無不知敬其兄 只是這箇靈能 不爲私欲遮隔 充拓得盡 便完完是他本體 便與天地合德 自聖人以下不能無蔽 故須格物以致其知.)―傳習錄 下

 따라서 사람은 그 마음이 참되게 원하는 바에 따르면, 격물하고 치지하는 데에 추호도 지장이 없게 된다.
 원래 우리들의 마음을 가리고 있는 욕구 그 자체는, 엄밀히 생각하면 선이다 악이다 하는 것이 있을 수 없다. 말하자면 우리의 마음이란 단일한 욕구가 있다기보다는 욕구의 체계라고 보아야 한다. 따라서 이에 전체적 욕구와 부분적인 욕구의 관계가 되어, 부분적인 욕구는 전체적인 욕구에 의하여 제약되어야 한다. 참다운 자기의 발휘란 것은 이 전체적인 욕구에 따르는 것을 말한다. 그런데 체계가 복잡하게 됨에 따라, 이 전체적인 욕구는 반드시 분명하고도 절실한 힘이 되어 우리들에게 나타나는 것이 아니다. 때때로 우리들은 부분적 욕구로 기울기가 쉬운데, 비유하자면 부질없이 口腹을 채우려는 욕망 따위다. 공자가 말한 바와 같이, 이에 습성이 되어 우리들의 참된 '자기'는 완전히 엄폐되고 허무하게 사욕의 횡행에 맡겨져서, 그 결과 열등하고 사악한 품성으로 형성된다.

이 경우 가장 위험한 것은 이른바 양심의 마비 때문에 악을 행하면서 악을 깨닫지 못하는 것이다. 우리들이 거의 무의식적 행위라고 말하는 이러한 습관적 동작에도, 준엄한 선악의 비판을 내리는 것은 결국 이 때문이라는 것이다. 설혹 그 악한 행위가 거의 기계적으로 수행되었다고 해도, 그것이 늘 하던 행위를 반복하는 결과인 이상, 우리들은 그 행위를 고립시켜 볼 수는 없다. 그 행위를 통하여 당연히 그의 품성을 알아내게 된다. 즉, 어떤 행위가 분명히 그 사람의 품성을 표현하는 한, 어떤 습관적 동작이라도 엄숙한 도덕적 심판을 면할 수 없다.

이는 양명 문하의 高弟 錢緒山의 주장이다. 전서산은 선을 지극히 존중하였으므로, 자칫 욕구의 본질을 오해하여 고상한 정신적 욕구 이외에는 부정하려는 경향이 있었다. 선과 악이 판단되는 것은 물론 양지의 작용이며, 이 양지에 따라서 선을 행하고 악을 제거하게 된다. 이것이 이른바 격물이라는 것이다. 선도 없고 악도 없는 것이 마음의 본체이긴 하지만, 뜻이 움직임에 있어서는 有善有惡이라고 말해야 한다. 이것은 보통 四言敎 또는 四句訣이라고 하는 것이다. 곧 無善無惡은 心의 體요 유선유악은 意의 動이다. 知善知惡은 바로 양지이며, 爲善去惡은 바로 격물이라 함이 이것이다.

이 짤막한 네 구절이야말로 양명의 도덕 철학을 이루는 골자다.

양명이 말했다.

"나는 사람들에게, 양지에 이르면 격물에 대하여 공부해야 한다고 가르치고 있다."(吾敎人致良知 在格物上用功.)

격물을 아는 것은 선을 위하고 악을 제거하는 길이며, 이로써 선악을 알게 되어 致良知함을 밝힌 말이다.

그런데 사람의 마음이란 본래 하늘과 같고 깊은 못과 같은 것이라고 한다. 오직 사사로운 욕망에 가리워짐으로 해서, 하늘과 같은 본체를 잃게 되고 깊은 못의 본체를 잃게 되는 것이다.

致良知로써 가려지고 막힌 것을 제거하면 곧 본체는

회복되어, 하늘처럼 광대하고 깊은 못처럼 고요하게 될 것이다.

주자는 주장하기를, 사람은 누구나 양지가 있으나 사욕을 제거해야 하고, 아울러서 만물의 이치를 연구해야만 비로소 올바른 양지에 이를 수 있다고 하였다. 그러나 양명은 단지 사욕을 버림으로써 致良知하는 것이 참된 학문이라고 하였다.

여기에 효를 예로 들어 말한다. 효라고 하지만 사실은 그 내용은 사람에 따라 다르다. 어떤 사람은 어버이의 의식에 대하여 정성으로 보살피는 것을 효라고 말하기도 하고, 또 어떤 사람은 자식으로서 어버이의 사업을 이어 빛내는 것을 효라고 말하기도 한다. 그러나 참된 효도란 마음으로부터 누를래야 누를 수 없는 어버이에 대한 心의 필연적 작용이다. 그러니까 그 방법은 관계없이 우리들의 내면적 필연에 의하여 비로소 주어지며, 즉 저절로 효를 하려는 마음이 되는 것이니, 처음부터 효라는 것이 있어서 그것을 따라야겠다고 생각하는 것은 아니다. 효란 우리들이 창조하는 것이 아니고, 도덕으로서의 자기 실현일 따름이다.

그런데도 불구하고 우리는 때때로 이 도덕이라는 것이 나와는 따로 분리·독립된 것처럼 생각함은 어떤 까닭인가? 그것은 더욱 큰 자기, 즉 자기의 이상이 도덕이라는 관념과 더불어 현실이 자기에 의하여 끊임없이 높여지고 드날려지게 되어, 현실의 자기는 이에 대하여 항상 진지한 자율적 복종을 감수함에 따라, 그 사이에 저절로 어떤 대립 관계가 생기기 때문이다. 이러한 보이지 않는 대립 감정이 작용하여, 때때로 효라는 도덕적 감정을 나와는 분리된 것으로 생각하게 되는 것이다.

대체로 유가에서 말하는, 특히 양명이 주장하는 物이란 것은 흔히 우리들로부터 독립된 외적 관계처럼 알고 있으나 그런 것이 아니고, 전술한 것처럼 내재적으로 대립된 관념을 말한다. 마음이 욕구의 체계라고 말했는데, 참된 자기를 실현하는 것은 바꿔 말하면 物의 참된 경지를 파악하려는 것이다. 즉 物을 格하는 것─격물 정신이다. 이것을 한 번 근원으로 돌려서 말한다면, 양지를 致하는 것─致良知, 즉 치지다.

이러한 격물치지의 해석 방법은 곰곰이 음미하지 않으면 그 진수를 놓치기 쉬우므로 유의해야 할 것이다.

격물치지의 의의에서 말하면, 참된 자기를 실현하는 것은 동시에 자기의 사사로운 욕망을 극복하는 길이 된다. 이것을 간결하게 말해 '자기를 실현하려면 자기를 극복해야 한다'는 것이다.

이에 관하여 양명은 제자 蕭惠와 의미 있는 문답을 하였다.

소혜가 물었다.

"정말 자기를 극복하기란 너무 어려워서 불가능할 듯합니다. 어떤 방법이 없을까요?"

양명이 대답했다.

"그러한 너의 '자기'라는 것을 가져와 보아라. 네 대신 극복해 볼 테니까."

소혜가 스승의 말뜻을 몰라 어물어물하는데 스승이 말을 계속했다.

"대체로 사람은 爲己之心, 즉 자기를 사랑하는 마음이 있어야 비로소 자기를 극복할 수 있다. 그리고 자기를 극복할 수 있어야 진실한 자기를 완성할 수 있는 것이다."

"저도 역시 자기를 사랑하는 마음이 큽니다만, 어떻게 자기를 극복할 수 있는지 잘 모르겠습니다."

"아, 잠깐! 너의 이른바 '자기를 사랑하는 마음'이란, 대관절 어떤 의미인지 좀 설명해 보아라."

소혜는 잠시 생각에 잠기더니,

"저는 마음속으로 훌륭한 인간이 되고 싶다고 원하고 있었습니다. 그래서 마음속으로는 크게 자기를 사랑하고 있다고 믿고 있었습니다만, 그러나 지금 생각해 보니, 단지 개인적으로 육체적 자기만을 사랑하고 참된 자기에는 미치지 못했었습니다."

양명이 말했다.

"그렇다고 해서 단지 개인적인 육체적 자기를 떠나서

만이 참된 자기가 있는 것은 아니다. 너는 개인적·육체적인 자기를 사랑했다고 하지만 아마 그렇지 않을 것이다. 대체로 네가 말하는 개인적·육체적인 자기란, 즉 이목구비 등의 감각 기능이었겠지."

"그렇습니다. 그러한 감각 기능의 욕구가 강렬하기 때문에, 자신도 모르게 이에 따라가 버립니다."

"그것을 '사랑한다'는 말로 나타낼 수는 없다. 감각 기능의 욕구를 그대로 방임할 때는 결국 생활의 파탄을 초래하게 된다. 따라서 개인적·육체적 자기에 대하여 참되게 이를 사랑한다면, 도리어 이러한 감각적 욕구에 스스로 제약을 가하게 될 것이다. 이른바 '禮가 아니면 보지도 듣지도 말하지도, 그리고 움직이지도 마라' 함은 마음대로 거리낌없이 놀아나는 이런 감각 기능의 욕구를 체계 있게 통할하여, 그 마땅함을 얻게 하는 것을 의미한다.

원래 모든 감각 기능의 작용이란 모두 마음의 활동이다. 눈으로 보고, 귀로 듣고, 입으로 말하고, 사지를 움직이는 것이 아니고, 마음으로 보고 듣고 말하고 움직이는 것이다. 그러므로 보고 듣고 말하고 움직이는 그 자체가 마음이며, 그러한 마음이 없다면 보고 듣고 말하고 움직이는 것도 없다. 마음과 이목구비는 하나면서 두 가지 방면이 있다. 그 하나는, 즉 무한한 생리라고 할 수 있는 창조적 활동이니 이를 性이라 하고 천리라

한다.

 감각 기능의 욕구라고 해도 모두 천리의 발현이기 때문에 원래 배척할 것이 아니다. 단지 이러한 욕구는 단독으로 되는 것이 아니고, 상호간의 필연적 관계로 모두 통일되며 이로써 하나의 체계를 이루고 있다. 그 부분적 욕구가 서로 또는 전체에 대하여 가지는 필연적 제약을 곧 예라고 한다.

 너의 이른바 '참된 자기'란 그 체계의 밑바탕인 전체적 욕구를 의미하는 것이다. 만일 부분적 욕구가 예를 초월하여 방종으로 치닫는다면 당장 전체의 파탄으로 끝나게 될 것이다. '자기를 극복한다' 함은 예를 지켜 보호하는 것이며, 그것은 결국 자기를 완성하기 위한 것이다. 그런 까닭에 자기를 사랑하는 마음이 있어야 비로소 자기를 극복할 수 있고, 자기를 극복해야만 참된 자기를 완성할 수 있다. 이에 대하여 네가 자기를 사랑하는 마음이 있어도 자기를 극복할 수 없다고 말한 것은 진정 어느 정도의 의의가 있는가 잘 생각해 보아야 할 일이다."

 이 문답은 〈전습록〉 상권에 있으며, 편의상 간결하게 추려 의역한 것이다.

 극기, 즉 자기 극복은 충분히 음미해야 될 문제다. 흔히 '극기'라고 하면 쉽게 견디기 어렵고 무리하고 부자연한 일처럼 생각한다. 그러나 사실은 누를래야 누를 수 없는 자기의 가장 크고 깊은 내면적 욕구를 실현하기 위하여, 다시 말하면 자기의 생명을 뚜렷하고도 당당하게 약진시키기 위하여 잡다한 욕구를 일괄적으로 통제하는 작용이다. 스스로 자기를 사랑하는 정도가 깊기 때문에, 스스로 자기를 견제하고 단속한다는 말이다. 따라서 적어도 자기를 사랑하는 한, 극기는 당연히 수반되어야 한다.

그런데 어째서 사람들은 그처럼 극기를 어렵게 여기는가?

그것은 사람들이 자기를 파악하고 있지 못하다는 것이 그 한 이유다. 깊이 자기를 파악하고 있지 못하기 때문에 진실한 자기 사랑을 깨닫지 못한다. 그러나 또 한 가지 비근한 이유는 극기의 참된 뜻을 오해하고 부정할 수 없는 자기의 요구를 부정한다는 데 있다.

대체로 우리들의 요구는 저마다 상응하는 충족 이유를 갖추고 있으며, 그 어느 하나도 저마다의 생명적 활동이 아닌 것은 없다. 함부로 이를 부정하려는 것은 곧 저마다의 생명을 끊어 소멸시키려는 것이나 마찬가지다.

그런데 완고하고 어두운 유생들이나 은둔자들은 흔히 그 자신이 끊을 수 없는 욕망을 도무지 이겨낼 수 없다고 생각해서, 욕망 그 자체를 부정하고 일체의 쾌락이나 행복 따위를 모두 무시한 채, 생활이라고도 할 수 없는 그런 생활을 도덕으로 여기거나 나의 도리를 나아갈 길로 삼고 있다. 한 가지 예를 들자면, 어른 앞에서는 말하고 싶은 것이 있어도 말을 하지 않고, 하고 싶은 일이 있어도 하지 않고 가만히 있는 것이 禮인 것처럼 여기나, 또 혈족간에 친애를 버리고, 衣食의 욕망마저 끊는 것이 도를 깨달은 사람이 하는 일인 양 생각하는 사람이 없지 않다.

그리하여 도덕이니 悟道니 하는 이름 밑에 이러한 되지도 않을 극기를 自他에게 요구하는데, 이런 점에서 극기란 것이 아주 불편하고 견디기 어려운 것으로 여겨지는 것이다. 극기란 이를테면 자기를 가장 훌륭히 실현시키는 것이다. 또 예란 것도 마찬가지로 자기의 참된 성의를 다하는 것이다. 대체로 참된 도덕적 생활은 좀더 목적이 뚜렷하게 자연적으로 넓고 크게 해야 한다.

그래서 양명은 스승 앞에서 부채질도 제대로 하지 못하는 제자 省曾에게 이렇게 말했다.

"성인의 이른바 예라는 것은 사람의 자유를 함부로 속박하여 고통을 주려는 것이 아니다. 너의 태도로 말할 것 같으면, 그것은 도학하는 사람의 자세인데, 그런 겉치레는 아무 쓸데 없다."

그러자 옆에 앉았던 王畿가 이렇게 예리한 질문을 했다.

"《논어》先進篇에서, 저 曾晳이 자기 뜻을 말한 데 대하여 공자께서 찬성하신 것도 그런 의미겠지요?"

양명의 뜻은 이러하다. —성인은 그 기상이 모든 것

을 포용하고 있으므로 무한히 관대하다. 스승이 제자에게 질문하였으니, 제자들은 응당 몸을 바로 하고 진지하게 대답했어야 옳을 일이다. 그래서 다른 제자들은 모두가 성실한 태도로 제 뜻을 말했는데, 증석만은 떨어져 앉아서 남이야 공손하게 대답하든 말든 여전히 비파를 타고 있었다. 그것은 보기에 따라서는 스승 앞에서 건방지고 광태에 가까운 태도라고도 할 수 있다. 게다가 스승인 공자의 질문을 받자 대답하는 말이, 천하의 큰 포부가 깊은 진리의 자각 같은 것이 아니고, 그저 지나가는 말처럼 '봄옷이 다 되었으니 젊은이들과 더불어 놀러나갔으면 좋겠다'고 하였으니 말이다.

그 스승이 만일 엄하기로 유명한 程伊川(頤)이었다면, 당장에 호통을 치고 질책하였을는지도 모를 일이다. 그러나 공자는 도리어 그를 용서하고 오히려 그의 뜻에 찬성하였다. 스승을 모신 자리에서 한가로이 비파를 타고 있는 것이라든가, 스승의 질문에 가볍게 대답하는 태도 등은 모두 孔門의 宗旨를 깊이 깨달은 사람이 아니고는 할 수 없는 일이다. 참으로 여유 있고 초연한 자세가 깃든 대답이다.

양명의 학문하는 방법도 이와 같았다. 또 그는 젊은 시절부터 속박이란 것을 가장 싫어하였다. 이런 것이 그 강당의 자유스러운 분위기를 엿볼 수 있는 좋은 예다.

공자는 인간의 개성을 가장 존중한 사람이다. 따라서

도덕적 생활은 반드시 자기를 극복하는 노력을 수반하고 있지만, 그것을 깊이 성찰해 보면 결코 고통을 주거나 속박하는 것이 아니다. 극기란 깊은 자아에의 사랑인 동시에 오히려 참된 행복의 길인 것이다. 그러므로 우리들은 항상 자기를 상실해서는 안 된다. 그리고 쉬지 않고 꾸준히 자기의 참된 본성을 발휘하도록 노력해야만 한다. 저마다 가지고 있는 性이란 곧 마음의 본체이면서 동시에 실재가 성립되는 밑바탕이다. 양명의 致良知나 천리는, 즉 이 본성을 꿰뚫어보라는 것이다. 천만 가지 말이 있어도 결론은 오직 참된 자기를 파악하라는 것이다.

양명이 말했다.

"학문이란 반드시 자기를 반성해야 한다. 만약 공연히 남을 책하다 보면, 남의 허물만을 보게 되고 자기의 잘못은 보지 못하게 된다. 만약 자기 자신을 반성할 줄 알게 되면, 자신의 다하지 못한 곳을 발견하게 될 것이니, 어찌 남을 책할 겨를이 있겠는가?"(學須反己 若徒責人 只見得人不是 不見自己非 若能反己 方見自己 有許多未盡處 奚暇責人.)

"우리 유가에서 마음을 수양하는 데에 일찍이 사물을

떠나 본 일이 없다. 오직 그 하늘의 법칙과 자연에 순응하는 그것이 바로 우리의 공부다."(吾儒養心未嘗卻事物 只順其天則自然 就是工夫.)

양명학의 요지는 어디까지나 자기를 통한 天의 파악이다. 〈대학〉의 정신 역시 비근한 데에서 사고하여, 자기 성찰을 거쳐 심원한 곳으로 한 걸음씩 접근하는 것이다. 그리고 이러한 大要를 거꾸로 설명한다.

"대학의 道는 明德을 밝히고 民을 친하며 至善에 멈추는 데 있다. 옛날, 천하를 화평하게 다스리려는 자는 먼저 그 나라를 다스렸고, 그 나라를 다스리려는 자는 먼저 그 집안을 화목하게 거느렸고, 그 집안을 화목하게 거느리려는 자는 먼저 자신을 수양했다."

이리하여 천하로부터 차츰 탐구해 내려와 그 근원으로 이르는 것이다.

"자신을 수양하려는 자는 먼저 그 마음을 바르게 하였고, 그 마음을 바르게 하려는 자는 먼저 그 뜻을 성실하게 하였고, 그 뜻을 성실하게 하려는 자는 먼저 知를 致하였다."

그리하여 知를 致하려면 物을 格한다는 것이다. 치지격물은 곧 그 결론이다.

그러나 物을 格한다는 말은 그 문구가 자못 이상하여 2천여 년을 두고 줄곧 학자들의 논쟁의 대상이 되었다. 주자는 이를 해석하여 格은 窮盡이며 物은 사물이라 하였다. 그리하여 천하의 모든 사물에는 각기 그 원리가 있으므로, 이에 대하여 궁구하게 되면 사물마다 그 이치가 발견되어, 그것이 모이는 곳에 하나의 원리가 생겨 크게 깨달아진다고 한다. 각 사물에 대한 이치를 끝까지 궁구하면 격물이요, 그것이 모여 깨달아지는 원리가 치지라 하였다. 주자의 탐구는 주도면밀하여 옛 학자가 미치지 못할 정도였다.

그러나 양명은 이를 통렬히 반박하였다. 그는 '수시로 사물을 올바로 잡음으로써 거기에 대하여 알게 된다(隨時格物以致其知)'고 하여, 선악을 知하는 것이 양지이며, 선을 위하고 악을 제거하면 그것이 바로 격물이라 하였다. 따라서 격물과 치지는 종속 관계를 이루며, 致良知에다 우선 자기를 파악하는 일을 출발시켰다. 이러한 주장이 모두 心卽理에 바탕을 두고 있음은 물론이다. 따라서 격물과 치지는 전혀 독립된 성질의 것이 아니다.

요컨대 자기를 파악한다는 것은 사람마다 본래부터 지니고 있는 양지의 거울을 닦는 노력이다. 그러자면 이른바 격물에 대하여 공부함으로써 致良知한다는 것이다. 이 경지를 양명은 純一의 생활, 즉 止至善의 경지이고 天이며 誠一의 道라 한다.

이런 관점에서 그는 주자의 잘못된 주장을 퍽 애석하게 여겼다.

"주자는 정신과 기백이 위대했다. 그는 젊은 나이에 이미 유학의 전통을 계승하여, 후세 학자들에게 그것을 전해 주려 하였다. 그러므로 줄곧 오로지 저술에 대한 연구에만 힘썼다. 만약 먼저 스스로를 닦는 일에 철저하였다면, 자연히 그런 것에 손댈 틈도 없었을 것이다. 자신의 덕이 커진 다음에 세상의 도가 밝지 못함을 걱정하여 공자가 은퇴하여 6經을 편찬한 것처럼, 번잡한 것을 깎아내어 간단하게 만들어, 이로써 후세 학자들에게 요점을 보여 주었더라면, 대체로 그렇게 연구에 노력을 기울이지 않아도 되었을 것이다. 주자는 젊은 나이에 이미 많은 책들을 저술하였는데, 만년이 되어서야 그것을 뉘우쳤다. 그것은 거꾸로 일한 결과였다."(文公精神氣魄大 是他早年合下便要繼往開來 故一向只就考索著述上用功 若先功己自修 自然不暇及此 到得德盛後 果憂道公不明 如孔子退修六籍 刪繁就簡開示來學 亦大段不費甚考索 文公早歲便著許多書 晚年方悔 是例做了.)

이것은 〈전습록〉 하권에 실려 있는 말이거니와, 여기서도 볼 수 있듯이, 양명은 성인의 도에 접근하려는 기상을 아낌없이 드러내고 있다.

그러면 그가 궁극적으로 추구한 순일의 생활이란 어떤 것인가?

앞에서 말한 바와 같이, 우리들은 무엇보다도 우선 자기를 파악하려는 노력부터 시도해야 한다고 양명은 그의 제자들에게 누누이 말하였다. '제군들이 정말로 도를 보려고 한다면, 반드시 자기 마음의 본체부터 인식하여야 할 일이니, 처음부터 바깥에서 이를 찾으려고 해서는 안 된다' 했다.

그는 무엇보다도 자기 체험을 통한 학습을 가장 존중하였다. 그래서 마음의 수양은 직접 사물을 통해서 해야 하며, 고요히 앉아 마음을 가라앉히는 수양은 얼른 보기에는 마음의 심연을 찾는 가장 좋은 방법인 듯하지만 사실은 별 소용이 없다고 했다.

그는 먼저 뜻을 세우라고 강조한다. 이는 그 마음의 복잡하고 다양한 욕구를 이루는, 이른바 '체계'에 대하여 마음의 본체가 추구하는 욕구의 실현을 실제로 결정지으라는 것이다. 식물을 두고 비유하자면 이른바 '뿌리를 내리라'는 것이다. 뿌리를 내려야만 줄기와 가지가 자라고, 꽃과 잎도 돋아서 한 그루의 식물이 될 수 있다. 그렇게 하지 않고 함부로 枝葉을 키워 보았댔자, 언제까지라도 완성된 식물을 이룰 수 없는 것이다.

이와 같이 종잡을 수 없는 생활을 따라서 일생을 헛되이 보내어 버리면 무엇이 남겠는가. 그래서 程子는 '성인이 되기를 추구하는 뜻을 세운 연후에 함께 學을 하기에 족하다'고 한 것이다. 뜻을 세우지 않고 익힌 학문은 정력이 있을 때에는 쓸모가 있지만, 늙어 버리면 아무 소용이 없어짐은 다 아는 일이다.

그러나 누구나 막연히 성인이 되겠다는 뜻을 세웠다고 해서 함부로 되는 것이 아니다. '뜻을 세우라' 함은 동시에 '성인이란 무엇이냐' 하는 것을 깊이 마음으로 밝히라는 말이다. '성인'이라면 흔히 우리들로서는 도저히 미칠 수가 없는 어떤 특별한 초인인 것처럼 생각하고 있지만, 결코 그렇게 특이한 사람이 아니라는 것이다. 성인이 성인인 까닭은 그가 항상 능히 자기의 가장 크고 깊은 내면의 요구에 따르고 있는가 하는 점에 있다. 다시 말하면, 동물적인 충동에 지배되는 일 없이 천리를 잘 발휘할 수 있다는 점에 있다.

양명은 이를 가리켜, '천리에 순수하고 인욕이 없다', 또는 '양지를 致한다'고 말한다.

"성인은 단지 모든 것을 완전히 할 수 있을 따름이다. 그것을 완전히 할 수 있는 것이 바로 양지다. 凡人들이 완전히 하지 못하는 것은 다만 양지를 致하지 못했기 때문이다."(聖人之是一能之爾　能處正是良知　衆人不能只是箇不致知.)

그런데 천리니 양지니 性이니 하면서, 이제까지 여러 가지로 말해 왔으나 그것은 모두 心의 통일 작용이며, 아울러 실재의 통일 작용임을 말하는 것이니, 이것은 물론 사람마다 본래부터 갖추고 있는 바이다. 성인이나 愚夫愚婦가 하등 다를 바 없다. 원래부터 '聖'이라는 것은 이러한 마음의 양지, 즉 性이나 천리를 말하는 것이며, 이를 발전시켜 완성해 가는 것이 聖學이다. 성인이란 저마다 이 양지를 순수하게 체득·실현함으로써, 마음이 요구하는 바에 따라서 規矩(일상생활의 법도)를 넘지 않는 정도의 경지에 이르는 것이며, 아직 이러한 경지에 이르지는 못했다 할지라도, 항상 자신을 반성하여 저마다의 양지에 따라서 행동하는 사람을 현인이라 한다. 이에 반하여, 아무런 자각도 없고 그저 물욕에 따라서 맹목적으로 행동하는 사람을 愚者라고 한다.

이와 같이 우자는 하등의 자각도 없는 자이긴 하지만, 그러나 자각의 有無에도 불구하고 양지는 의연히 존재하고 있다. 적어도 이를 자각하여 체득·실현하기만 한다면 성인과 다를 바가 없다. 사람은 모두 요순이 될 수 있다든가, 온 거리에 가득 찬 사람이 모두 성인이라고 하는 따위는 이런 뜻에서이다. 그리고 이것이 양명학의 특징이기도 하다.

　비유하자면, 전술한 바와 같이 성인의 相은 맑은 하늘에 빛나는 해와 같고, 현인의 知는 뜬구름이 스쳐가는 하늘의 해와 같고, 愚者의 知는 먼지로 인하여 흐린 하늘의 해와 같다. 명암의 차이는 있지만 흑백을 분별함에 있어서는 다를 바가 없다. 아무리 어두운 밤이라도 응시하기만 하면 희미하게 흑백을 판별할 수 있다. 그것은 아직 햇빛이 다하지 않았음을 말한다.

　이 경우, 우리들을 친절하게 가르치는 자는 곧 선각이나 서적이다. 우리들은 반드시 선각자에 의하여 스스로를 바로잡고 서적에 의하여 생각해야 한다. 선각은 우리들보다 앞서서, 이미 가시덤불로 덮인 '마음의 길'을 개척하여 나간 사람들이다. 우리들은 그들에 의하여 산 인생의 체험에 접촉할 수 있는 것이다. 또 서적은 선인이 후학들을 위하여 미망을 제거해 주고, 자기의 참된 性을 발휘하는 所以를 가르치는 것이다. 그 뜻은 굶주린 자에게 음식을 주고, 병든 자에게 약을 주며, 어둠 속에 있는 사람들에게는 등불을, 절름발이에게는 지팡이를 주는 격이다. 우리들이 책을 읽을 때에는 이들 굶주린 사람, 병든 사람, 어둠 속에 있는 사람, 다리를 못 쓰는 사람들처럼 구원을 구하는 간절한 마음이 있어야 한다.

　그러나 한마디로 뜻을 세운다고 해도 그것은 그렇게

쉬운 일이 아니다. 공자는 성인이다. 그러면서도 오히려 '나는 15세에 배우기 시작하여 30세에 뜻을 세웠다'고 한다. 그리고 만년에 가서 마음이 요구하는 바를 따라 일상 법도를 넘지 않는 정도에 이르렀다고 했는데, 그것은 뜻과 일상 법도가 일치한 것이다. 그러므로 志라는 것을 결코 가볍게 볼 수 없다.

志는 우리들 정신생활을 통솔하는 큰 힘이다. 이것은 사람에게는 목숨이 되고 나무에는 뿌리가 되며 물에는 근원이 된다. 근원이 깊지 않으면 물의 흐름이 그치게 되고, 뿌리가 깊지 않으면 나무는 마르게 되며, 목숨이 계속되지 않으면 사람은 죽게 된다. 이와 같이 志가 서 있지 않으면 정신 활동을 하지 못한다. 그래서 志를 세우려면 곧 마음을 純一하게 지속시키는 것에 대하여 주의를 집중하라는 것이 그것이다. 극히 비근한 예를 들어 보자면, 고양이가 쥐를 잡을 때를 생각해 보라. 닭이 계란을 품고 있는 때를 생각해 보라. 마음은 본래 체계적인 발전이다. 그 통일이 가장 엄밀한 때 가장 발랄하게 약진한다. 그 경우의 마음은 항상 虛明이라는 말로 표현될 것이다. 이를 바꾸어 말하면 곧 무아다.

비유하여 말하면, 우리들이 열심히 독서하고 있을 때, 혹은 진실하게 사람을 사랑할 때와 같이 마음이 순일로 지속하고 있는 동안은 진실로 생각이 영롱하고 허명하다. 싫다거나 밉다거나 하는 것은 차치하고, 재미 있다거나 귀엽다고 하는 것조차 느끼지 않는다. 그때 우리들의 마음은 가장 잘 활동하고 있다. 주자학파가 말하는 이른바 '主一無適'이란 것은 바로 이러한 경지를 가리킨다.

그런데 일단 이 개체의 순일을 상실하고 보면 이에 곧 분분한 잡념이 생긴다. 독서에 싫증을 낸다든가, 사람에게 대하여 분노를 유발한다든가 하는 것은 곧 마음이 순일한 활동을 잃고, 모순·충돌하고 정체한 때의 상태를 이룬다.

위의 主一無適의 경우, 우리들의 마음은 허명하며 조용한 환희, 혹은 행복한 감정을 수반하지만, 후자의 경우에는 항상 고통이 따르는 것이다. 인생이 고뇌가 많은 것은 결국 우리들의 마음이 모든 방면에서 모순·충돌·정체를 계속하고 있기 때문이다. 이렇듯 지리멸렬한 心的 생활을 떨치고 나아가서, 통일되고 醇化하려 한다면 이는 곧 뜻을 세운다고 말할 수 있다.

이와 같이 뜻을 세우는 생활에는 세 단계의 과정을 설정할 수 있다.

첫째, 이른바 양명의 困知勉行, 즉 타율적으로 규범이 있는 근면한 생활을 하는 것이니, 힘써 배워 알고 힘써 행하는 것이다.

둘째, 學知利行, 즉 타율적으로 나아가 규범이 있는 생활을 하는 것이니, 이른바 배워서 알아 이롭게 행하는 것이다.

셋째, 生知安行, 즉 완전히 자유로운 생활을 하게 되는 것이니, 이른바 나면서부터 道를 알아 편안한 마음으로 행한다는 것이다.

첫째 경우에 있어서 우리들은 아직 가지가지 마음의 욕구하는바 모순과 충돌 때문에 번민하고 오뇌하며, 용이하게 자기의 나아갈 참된 도를 밝힐 수 없다. 세상의 모든 이익과 명예, 생·사의 문제들 때문에 구애되어 몸부림치고 있다. 이런 사람에 대해서는 반드시 그러한 번민과 오뇌의 종자라고 할 수 있는 미망을 밖으로부터 타파하여 참된 性의 발전을 보호해야 한다. 이것을 사람에게 비유하자면, 나서 겨우 걷기 시작하는 어린애에게 문이나 벽, 무엇이든지 붙잡고 의지할 물건을 주어서 걷는 연습을 시키는 것과 같다는 것이다. 그리하여 하늘로부터 받은 그 마음을 둘이 되지 않게 하여 몸을 닦아 나아가기를 기다린다는 것이니, 바로 이러한 경지가 困知勉行이다.

그러나 어린애가 차츰 성장하면, 자연히 문이나 벽은 소용없게 되고, 이번에는 아이를 밖으로 나가게 하여 자유롭게 운동을 시켜야 한다. 두번째의 경우가 바로 이것인데, 여기까지 오면 사람은 이미 지각이 발달해서 스스로 충분히 선악을 비판할 수 있다. 단순한 외면적 규범은 그대로는 이미 공허한 形骸고, 참된 도덕적 규범은 그의 내면적 필연에서 나오는 至上 명령, 즉 천명이어야 한다. 그리고 끊임없이 천명에 따를 수 있어야 비로소 뜻을 세운다고 할 수 있다. 이것은 어떤 면에서 보면 올바른 의무의 생활이라고 하겠다. 그렇다고 어떤 사람에 대한 의무가 아니라, 결국 자기의 내면에 있는 절대적 지상 명령, 즉 천명에 대한 의무이며, 이는 바로 '마음을 보존하고 性을 길러 하늘에 봉사한다'고 하는 것이다.

그러면 여기서 더욱 진보하여 셋째의 경지에 이르게 되면, 자기의 내면에서 나오는 천명과 이에 복종하는 관계가 원만히 하나로 이루어져서, 자기는 단지 완전한 양지의 활동으로 천리에 순응하게 되어, 진실로 마음이 요구하는 바에 따라 행동해도 일상 법도를 넘지 않는 진실되고 아름다운 광경을 발휘한다.

이른바 〈맹자〉의 '心을 다하고 性과 天을 안다'고 함은 곧 이것이며, 말하자면 입지 생활의 궁극이라는 것이다. 이를테면 완전히 독립된 훌륭한 성인이 이것이다.

여기서 〈논어〉의 이른바 '吾十有而志于學 三十而立 四十而不惑 五十而知天命 六十而耳順 七十而從心所欲 不踰矩'라 한 '耳順'과 '從心所欲 不踰矩'한다는 것이 곧 앞의 세번째 경지다. 재삼 음미해 볼 만하다.

그런데 어떤 사람은 이렇게 참되고 지극히 아름다운 경지를 위태롭다 하여, 그것에 의해서 도덕적 규범을 무시당하는 것처럼 두려워하는데, 그것은 마치 현재 훌륭하게 성인이 되어 있는 사람을 아직도 어린애처럼 생각하여, 집 안에서 바깥으로 내보내면 넘어지지나 않을까 하고 근심하는 것과 같다. 성장한다는 것은 공허하게 비약함이 아니다. 한걸음 한걸음 충실하게 완성되어 가는 과정이다.

이와같이 우리들의 도덕적 생활은 困知勉行에서 學知利行하고, 마침내 生知安行으로 이르러야 하며, 이 경지에 도달한 사람을 성인이라고 한다. 이를 요약하여 말한다면 사람마다 본래부터 갖추고 있는 양지, 즉 천리를 체득하고 실현하는 것, 곧 개성을 완성하라는 것이다.

이것을 〈논어〉에서는 '도에 뜻을 두고 덕을 근거로 하여, 인에 의지하고 예에 노린다'고 하였다. 이를 비유하여 말하면, 志於道란 잘 생각하여 땅을 고르고 재료를 모아서 설계를 잘하여 한 채의 집을 준비하는 것과 같으며, 據德은 설계에 따라 집을 지어 근거로 삼는 것이고, 依仁은 언제나 그 집에 살면서 떠나지 않는 것이며, 遊禮는 단청을 잘하여 집을 아름답게 꾸미는 것과 같다.

그런데 성인을 무엇인가 이상한 초인처럼 생각해서, 범인은 감히 해낼 것 같지 않는 대사업을 행한다든가, 博文廣大한 지식을 가지지 않으면 안 된다고 믿음으로써 성인이 되기를 엄두도 못 내고 있다. 그리하여 반성이 없는 사람들이 다투어 부질없이 종이를 파먹는 벌레가 되어 성현의 외형을 모방하기도 한다. 이리하여 일생 동안 아무 일도 하지 않다가 죽어 버린다.

만일 지식이나 재능이 고매한 자를 성인이라고 한다면, 성인이란 의외로 변변치 못한 사람일는지도 모른다. 견해에 따라 지식이나 재능은 얼마든지 경멸할 수 있다. 또 사업의 성패에 이르러서는 지식과 능력 이외에 크게 그 처한 경우가 어떠한가에 의해서 좌우되기도 하는데, 그럼에도 불구하고 천박한 의의에 따라 성인을 대수롭지 않게 생각하여 전지전능하다고 한다면, 陳나라와 蔡나라에서 고통을 당한 공자 같은 이를 진실로 가련한 소인이라고 할 수도 있으리라. 위인에 대한 숭배가 왕왕 아무런 의의도 없게 되는 것은 이렇기 때문이라고 하겠다.

希淵이 그의 스승 양명에게 물었다.

"伯夷나 伊尹는 공자와 재능이 크게 다른데, 어째서 동일하게 성인이라고 합니까?"

이에 대하여 양명의 대답은 실로 교묘했다.

"聖이란 그같은 지식이나 재능이 문제되는 것은 아니다. 개성의 발휘가 어떻게 되었느냐에 따라서 말할 수 있다. 이를 금에 비유해서 말하면, 지식이나 능력은 금덩이의 무게이고, 개성의 발휘가 어떠냐 하는 것은 금이 순수하냐, 또는 잡물이 섞였느냐 하는 문제와 같다. 무게와는 관계없이 금은 순금이라야 하는 점에서는 하등 변함이 없다. 聖은 그것이 순금 여부에 달려 있다. 구리나 납같이 혼합된 것은 아무리 무겁다고 해도 순금과 동일하게 인정할 수 없다. 이에 반해서, 아무리 가볍다고 해도 순금이기만 하면 모두 동일하게 다룰 수 있다. 우리들이 성인이 되는 것은 구리나 납 따위가 섞인 금덩이를 용해하여 순금으로 만드는 것을 말한다. 그런데 세상 사람들은 흔히 오해하여 금덩이의 무게만을 존중한 결과 더욱더 구리나 납 같은 잡물을 가해서, 도리어 금덩이의 가치를 점점 떨어뜨려 버린다."

이는 〈전습록〉 상권에 수록된 1절로서 세상 사람들을 계몽함에 있어서 대단히 적절한 교훈이라 하겠다.

이제 양명의 학설을 정리하는 의미에서 그의 유명한 拔本塞源論을 실어 이 글의 결론으로 삼으려 한다.

4 **大學問** — 발본색원론

〈전습록〉 상권의 서애가 기록한 글의 서문에 이런 구절이 있다.

"선생님께서는 〈대학〉의 格物에 관한 모든 학설에 대

하여 모든 舊本이 올바르다고 하였다. 정자·주자의 판본이 잘못된 것이라고 말한 것이다. 나는 애초에 그 말을 듣고 놀랐으며 후에는 의심하게 되었고, 다시 곰곰이 생각하면서 여러 가지 자료를 참고하기도 하고, 선생님께 여쭈어 보기도 하였다. 그런 후에야 비로소 선생님의 학설은 물이 차고 불이 뜨거운 것처럼 다른 성인이 나온다 해도 절대로 영원히 변경되지 않을 것임을 깨닫게 되었다."(先生於大學格物諸說 悉以舊本爲正 蓋先儒所謂誤本者也 愛始聞耳駭 旣而疑 已而殫精竭思 參互諸綜以質於先生 然後知先生之說 若水之寒若火之熱 斷斷乎百世以俟聖人而不惑者也.)

서애는 '王門의 顔回'라 할 만큼 스승의 학설을 가장 훌륭히 수행했으나 아깝게 31세에 요절하였다. 그때가 양명이 47세였으니, 스승의 만년에 이른 爐火純淸된 격물 정신은 전수받지 못했으나, 아무튼 스승의 뜻을 받들어 〈대학〉의 고본을 깊고 바르게 이해하고 있었다고 보아진다.

그러나 여기에 말하는 '拔本塞源論'은 양명이 죽기 1년 전 廣西 지방으로 出征하기에 앞서, 그의 제자 錢緖山이 전수받아 필기한 것이다.

'大學問'이라 함은 〈대학〉의 首章인데, 그 大義를 문답체로 강술한 것으로서 양명학 연구에 가장 중요한 글이다. 다시 말하면 이는 양명학의 요지며 결론이기도 하다. 이제 그것을 번역하면서 그 사이에 〈전습록〉과 論學諸書를 곁들어 붙여 이를 증명해 본다.

〈대학〉고본의 수장을 적어 본다.

"大學之道在明明德 在親民 在止於至善 知止而後 有定 定而後 能靜 靜而後 能慮 慮而後能得 物有本末 事有終 始 知所先後 則近道矣 古之 欲明明德於天下者 先治其國 欲治其國者先齊其家 欲齊其家者 先修其身 欲修其身者 先正其心 欲正其心者 先誠其意 欲誠其意者 先致其知 致 知在格物 物格而後 知至 知至而後 意誠 意誠而後 心正 心正而後 身修 身修而後家齊 家齊而後 國治 國治而後 天下平."

그러므로 〈대학〉은 옛 선비인 大人의 학이란 뜻인데, 처음 나오는 明明德에 대하여 양명은 이렇게 말했다.

"大人은 천지 만물과 더불어 일체가 되려는 자이니, 천하를 한 집처럼 보며 중국을 한 사람같이 보므로, 저 形骸로써 나와 남을 구별하는 자는 소인이다. 대인이 능히 천지 만물을 일체로 하는 것은 그렇게 하고자 하는 것이 아니요, 그 마음의 仁함이 원대하여 그처럼 스스로 천지 만물과 일체가 되는 것이니, 이것이 어찌 대인에게 한한 일이겠는가. 소인이라 할지라도 마음으로 그렇게 못할 것이 아니거늘, 제 스스로 작게 만들었을 뿐이다. 그러므로, 이를테면 어린애가 우물에 빠지는 것을 보면 누구나 마음으로 측은하게 여기는데, 이는 그 사람이 가지고 있는 仁이 그 어린애와 더불어 일체가 되기 때문이다. 어린애는 같은 사람인 까닭에 그렇다고 하지만, 만일 새들이 슬피 울고 푸드득거리는 것을 보면 반드시 견딜 수 없는 마음이 일어나는데, 이는 그 仁이 그 날짐승과 더불어 일체가 되기 때문이다. 날짐승은 오히려 생물이라서 그렇다고 하지만, 초목이 꺾어지는 것을 본다고 해도 반드시 애석해하는 마음이 드는데, 이는 그 仁이 초목과 함께 일체가 되기 때문이다. 초목은 오히려 生意가 있어서 그렇다지만, 기왓장이 깨지는 것을 보면 아깝다는 마음이 드는데, 이 역시 그 仁이 기왓장과 더불어 일체가 되기 때문이다.

이와같이 일체가 되려는 仁은, 비록 소인의 마음이라 할지라도 반드시 있다. 실로 이는 천명인 性을 좇아 자연히 靈昭不昧한 것이므로 '明德'이라 한다. 소인의 마음은 이미 분리되고 막혀서, 그 일체의 仁이 不昧하자면 물욕에 움직이지 말고 사사로움에 가리지 말아야 하는데, 물욕에 움직이고 사사로움에 가려지게 된다면, 利害로 인해서 서로 다투게 되고, 분노로 인하여 서로 갈등을 빚어내게 된다. 그래서 곧 사물에 어두워지고,

마음의 파탄을 초래하게 되며, 심하면 골육 사이에서도 서로 헐뜯게 되는 것이니, 결국은 '일체의 仁'이라 아주 없어지게 된다. 그러므로 진실로 사욕의 가림이 없다면, 비록 소인의 마음이라 할지라도 '일체의 仁'은 대인의 仁과 다름이 없으며, 이와 반대로 일단 사욕에 가려지게 되면 소인은 갈라서고 막혀 의연히 소인으로 남게 되는 것이다. 따라서 '대인의 학'을 하는 사람은 오로지 그 사욕의 가림을 벗겨 스스로 그 明德을 밝힘으로써, 천지 만물과 일체가 되는 본연을 회복해야 하며, 이는 본체 이외에 加減이 있지 않다.

그러면 在親民, 즉 民에 친하는 것이 대학의 도라는 것은 무슨 말인가. 明德을 밝히는 것은 천지 만물과 일체가 되기 위한 體를 세우는 것이며, 民을 친함은 천지 만물과 일체가 되기 위한 用을 달성하려는 것이다. 그러므로 明明德은 반드시 親民해야 하고 親民은 곧 明明德이다. 따라서, 내 어버이에게 친함으로써 남의 어버이에게 미치게 되며, 비로소 온 천하 사람들의 어버이들에게까지 미치게 된다. 또 그런 후에라야 나의 仁이 진실로 내 어버이로부터 남의 어버이에게, 그리고 다시 온 천하의 어버이들에게 미쳐 일체가 되는 것이며, 참으로 일체가 된 뒤에라야 효의 明德이 비로소 밝아진다. 또한 내 형과 친함으로써 남의 형에게 미치게 되며, 비로소 온 천하의 형들에게까지 미치게 된다. 그리고 이런 뒤에라야 나의 仁이 진실로 나의 형으로부터 남의 형에게, 그리고 다시 온 천하의 형들에게 미쳐서 일체가 되는 것이며, 참으로 일체가 된 뒤에라야 아우의 名德이 비로소 밝아진다. 그러므로, 군신·부부·붕우 및 산천·귀신·초목·조수에 이르기까지도 진실로 친하지 않음이 없고, 그리하여 일체의 仁을 달성한 뒤에라야 나의 名德이 밝아지는 것이니, 참으로 천지 만물과 일체가 될 수 있는 것이다. 이렇게 함이 이른바 천하에 明德을 밝히는 것이요, 이른바 家齊·國治·天下平이며 性을 다한다는 것이다.

그러면 在止於至善 즉 至善에 止함에 있다는 것은 무엇인가. 지선은 명덕과 親民의 궁극적인 법칙이다. 천명인 性이 순수한 지선이므로, 이를 靈昭不昧하게 함은 곧 지선의 발현이다. 이는 곧 명덕의 본체로서 이른바 양지인데, 지선이 발현됨으로써 是는 是로, 非는 非로, 또는 輕重·厚薄등 느끼는 대로 응하여 변동되는 것이다. 그러나 이는 결정적으로 멈춘 것은 아닌 동시에, 순수한 '中'의 경지에 있지 않는 것도 아니니 이것이 곧 止至善인 것이다."

여기서 한 가지 말해 둘 것은 在親民을 주자는 말하기를 '親란 글자는 잘못된 것이다. 마땅히 新자로 고쳐 해석하여야 한다' 하여 '백성을 가르쳐 새롭게 함'이라고 주장하였다.

그러나 양명은 이에 반대하여 고본이 옳다고 하였다. 그리하여 '明德을 밝히는 것과 민중을 친하는 것은 동일한 일이다. 만일 민중에게 간격이 있어, 그 利害와 안위가 내 몸의 그것처럼 느껴지지 못하면 어떻게 명덕의 본체가 밝아질 것인가. 따라서 민중과 친함을 제쳐놓고 명덕의 밝힘도 없다면, 달리 민중을 친해야 할 아무것도 없다. 그러니까 민중을 친하는 것이 곧 내 마음을 밝히는 것이요, 내 마음을 밝히는 것이 곧 민중을 친하는 것'이라고 하였다.

민중을 새롭게 함에 있다는 것도 민중을 위하지 않는 것은 아니지만, 마음을 밝히는 일이 따로 있고 민중을 가르치는 일이 또 따로 있으니, 가르친다는 것이 벌써 거리가 있는 해석이요, 가르치려다가 못 가르쳤더라도 명덕을 밝히는 일에는 하등 손해될 것이 없기는 하다. 그러나 민중을 친하는 것은 우리의 마음이다. 이 친함이 지극하지 못하고는 명덕의 존재까지도 의심하지 않으면 안 된다. 따라서 민중과 나와의 관계는 조그마한 간극도 용납할 수 없다. 이가 양명이 주자의 해석에 반대하는 까닭이다.

그러면 양명의 말에 따라서 仁의 요지와 〈대학〉의 수장을 풀이하여 보자.

이미 되풀이하여 말한 바와 같이, 자기라는 것은 天

의 통일 작용이며, 천지 만물 일체를 포섭하려는 것이 그 본질이다. 仁이란 이와 같이 自他가 일치하고 융합하려는 천리 작용을 말하는데, 이것은 바로 사람의 가장 근본적인 덕이라는 것이다. 이에 의하여 육체에 한정된 소인인 '나'를 탈피하여 더욱 큰 대인으로 발전한다.

신하가 깊이 임금의 몸을 위한다면, 신하는 '나'를 잊고 임금을 위해 힘쓴다. 어버이인 '나'는 자식을 사랑하기 때문에 자식과 고락을 함께 한다. 남편이 아내와 일체가 되면 비로소 아내의 인격이 동시에 남편의 인격이 되고, 아내를 경멸하는 것은 곧 자기를 경멸하는 것이 된다. 부부유별이란 이렇게 서로 존중함을 말하는 것이다. 또 어른은 어린이의 처지가 되지 않으면 진실되게 유년을 대할 수 없다. 친구도 피차 일치해야만, 나를 대접하듯이 나도 상대방을 대접할 수 있다. 아름다운 인륜은 모두 자기가 남과 일치해야만 비로소 실현되는 것이다. 그뿐만이 아니다. 우리들은 또 자연을 사랑함으로써 자연과 일치한다. 성인인 자기는 능히 금수와 초목을 포섭하고 천지 만물을 일체로 만드는 것이다. 그리고 이것은 유독 성인에 한하지 않고, 사람마다 본래의 면목이 있다는 것이다. 仁은 人과 人, 人과 物을 天으로 복귀시킨다.

그러면 명덕에 있어서 덕은 무엇인가? 덕을 한 마디로 정의할 수 없으나, 간단히 덕이란 본래의 생을 완전하게 하는 인간의 본질적 활동이라고 말할 수 있다.

그런데 옛날 唐虞(堯舜)·三代 시절에는 學이라고 하여 가르친다면 오로지 저마다 마음의 덕을 다하라고 하는 것밖에 없었다. 정신이나 생활이 아직은 소박한 시대였으므로, 일체의 사물은 모두 뭔가 목적을 기한 수단으로서 복잡한 이해 타산이 얽혀 있지도 않았고, 그래서 그만큼 재주와 능력 같은 것을 멋대로 존중할 아무런 이유가 없었다. 도대체 무턱대고 재주를 부리게 된 것은 근대의 일이다. 이는 목적을 실현하기 위한 여러 가지 수단을 비교해 가면서 이해 타산을 행하게 된 결과이며, 일을 함에 있어서도 되도록이면 노력을 피해서 안일하려는 것도, 공리 관념의 발달과 큰 관계가 있다. 옛사람들은 그렇게까지 노동을 싫어하고 안일을 좋아하지는 않았다.

그래서 일반적으로 백성에 대한 교육과 학문이란 다만 덕을 완성하게 하는 것이었고, 재주와 능력에 관해서는 획일적인 교육을 실시하지 않았다. 예악에 뛰어난 자는 예악을, 政敎에 뛰어난 자는 정교를, 산업이나 토목에 뛰어난 자는 또 그 방면에 힘쓰게 하여 각자의 장점을 발휘하도록 하였다.

그리고 관에 임용할 때에는 적당한 인재를 적소에 두어 종신토록 그 직에 종사토록 하였다. 임용하는 자나 피임용자 할 것 없이 일심 동체가 되어, 그 목적을 오로지 천하의 인민을 안락하게 하는 데 두었다. 다만 정치는 복잡한 체계이므로, 사람마다 그 능력에 따라서 적당한 직분을 담당하였고, 한결같이 천하 백성을 편안하게 만든다는 한 가지 큰 목적을 실현하기 위하여, 저마다 독자적인 의의와 사명을 가졌다. 따라서 지위나 신분 따위로써 사람의 가치를 따져 존중하고 경멸하는 일이 없었고, 노동을 싫어하여 되도록이면 이를 피하고 안일을 탐하려는 생각도 없었다. 적어도 자기가 그 재능에 따라 적당한 벼슬 자리에 나아가면, 종신토록 그 직책으로 인하여 괴롭거나 또 미관 말직에 있어도 천하다고 생각하지 아니하였다. 백성들도 또한 벼슬이 높은 사람이라고 해서 크게 우러러 받들거나, 벼슬이 낮은 사람이라고 해서 함부로 방자하게 굴지 않았다. 그래서 각자가 제 신분에 안주하여 그 직업에 근면하였고, 관리라고 해서 선망의 대상이 된다는 생각은 없었다. 그런데 직업의 계급 의식이 생긴 것은 근대의 일이다.

고대의 稷은 산업을 맡았는데, 비록 교육에는 어두웠지만 그것을 별로 수치로 여기지 않았고, 契(설)이 교육에 뛰어난 것을 보고, 마치 자기가 그렇게 잘하는 것처럼 기뻐했다고 한다. 이는 곧 그들의 인격이 잘 융합하고 일치하여, 너니 나니 하는 小我에 사로잡히지 않았기 때문이다.

참다운 양지를 추구함으로써 衣食은 스스로 따라오게

되는 것이다. 利欲이 과하면 결국 공부는 한낱 세속적인 것으로 흐르는 것이다. 옛 현인들은 이것을 스스로 잘 알아서 스스로 겸손할 수 있었다. 겸손이란 여러 가지 선의 기초가 된다. 사람의 마음은 본래 천연의 이치로서 깨끗하고도 맑아 아주 작은 티끌도 묻어 있지 않다. 거기에는 전혀 '나'라는 생각이 없다. 만일 가슴속에 무엇인가 남아 있다면 그것은 오만일 뿐이다. 오만스러운 자가 남의 재능을 자기 재능처럼 보고 기뻐할 수가 있는가. 〈대학〉의 在明明德이나 在親民在止於至善의 道는 이것으로 요약될 수 있는데, 이를 가리켜 中和라고도 한다.

中이란 치우치는 것도 없고 기울어지는 것도 없는 평형의 상태다. 이것은 곧 양지의 본체와 통하는데, 이를테면 가감할 필요없이 양지에 의지하여 그것을 기준으로 삼는다면 中은 바로 그 안에 있게 된다. 그리하여 어떤 일에 임하게 되면 치우치는 바가 없음을 스스로 알게 되니, 이른바 천연의 中이 그것이다.

그러므로 양지 하나로써 이를 지칭할 때 '아는 것을 양지'라 하고, '양지의 밝음을 명덕'이라 하며, '천연의 평형을 中'이라 하고, 여기에 '가감할 수 없는 것을 至善'이라고 한다. 그리하여 이것으로써 親民하게 되니 곧 中和인 것이다. 그러나 이러한 철학적 체험은 결코 용이한 일이 아니다. 공리주의에 만성이 되어 버린 현대인에게는 그러한 中和의 경지를 아무리 역설해도 실감 나지 않는다.

그래서 양명은 그 어려움을 이렇게 말했다.

"내가 양지 하나를 제시하는 데에는 만 번 죽을 고생을 겪은 후에야 비로소 발견했는데, 이를 다른 사람에게 말하면 그들은 건성으로 듣고 지나쳐 버린다. 참으로 남이 고생하여 얻음을 孤負(배반)하는 일이 아닌가."

그리하여 홀로 있을 때에도 삼가는 마음, 즉 愼獨이 지극하여 精一한 자가 아니고는 능히 그 哲理에 미칠 수 없다. 흔히 사람들은 지선이 나의 내면에 있는 줄 모르고 그 사사로운 지혜로써 바깥에서 구하려 하였고, 그 때문에 온갖 이기적인 시비가 따랐다. 신독은 〈중용〉 벽두의 '莫見乎隱 莫顯乎微 故君子愼其獨也'에서 나온 말로, 〈대학〉의 격물과 映發한다.

양명이 말했다.

"신독을 힘쓸 줄 모르고 남이 다 아는 곳에서 用功한다면, 이는 곧 거짓을 만들고 구차하게 인식하게만 된다. 이 신독은 곧 誠의 싹이니, 여기에는 선이니 악이니 하는 개념이 없고, 왕도와 패도, 義와 利, 誠과 僞, 선과 악의 분기점이 되는 것이다. 이런 경지에 입각한 것이 立誠이니, 옛사람의 정신적 명맥은 오로지 이 한 곳에 있었다."

이는 사람마다 '나는 무엇인가?' 하는 데에 대하여 깊은 사색과 고요한 명상이 요구됨을 말하는 것이다.

그러나 사람들은 이에는 충실하고 않고, 단지 '내가 무엇을 가질까?' 하는 문제에만 골몰하게 되었다. 그 결과 자타가 융합하여 일치하는 親民의 덕을 파괴하여 버리고, 되도록이면 남의 것을 빼앗는 것이 자기를 크게 하는 소이처럼 생각하게 된 것이다. 그러므로 신독으로써 至善하고 여기에 止할 줄 알면, 그 뒤에야 定함이 있고, 定함이 있은 뒤라야 靜할 수 있으며, 靜한 뒤에야 安할 수 있고, 安한 뒤라야 慮할 수 있다고 하였다.

이것을 바꾸어 말하면, 이미 지선이 내 마음에 있어 바깥에서 구할 것이 없다고 보면, 뜻이 정해져서 고요할 수 있으며 마음이 고요해지면 편안해진다. 마음이 편안해진 뒤라야 어떤 사물에 부딪혀 지선인가 아닌가 하는 것을 내 마음의 양지로써 측정하고 헤아리는 慮를 할 수 있다는 것이다.

그러면 物有本末이요 事有終始—'物에는 본말이 있고 事에 始終이 있다' 함은 무엇인가에 대하여 알아보기로 한다.

주자학파는 明德을 本이라 하고 新民을 末이라 하여 양자를 대립시켰고, 止할 줄 아는 것을 始라 하고 得할 수 있는 것을 終이라 했다. 그러나 양명은 '新民'은 고본대로 '親民'으로 읽어서, 상응 작용으로 본말을 명덕이라 하였는데, 단지 주자처럼 양자를 분리하지 않은 것이 다를 뿐이다. 事에 終과 始가 있다 함에는, 주자의 해석을 그대로 따라 止할 줄 아는 것을 始, 得할 수 있는 것을 終이라 하였다. 이리하여 知所先後 則近道矣라 하였으니, 본말과 종시의 선후를 알게 되면 바로 도에 접근하게 된다는 것이다.

"예로부터 말하였다. 천하에 명덕을 밝히려는 자는 먼저 그 나라를 다스리고, 그 나라를 다스리려는 자는 먼저 그 집안을 평화스럽게 거느렸다. 또 그 집안을 거느리려는 자는 그 몸을 닦아야 하고, 그 몸을 닦으려 하는 자는 먼저 그 마음을 바르게 하였다. 그리고 그 마음을 바르게 하려는 자는 먼저 그 뜻을 참되게 하고, 그 뜻을 참되게 하려는 자는 먼저 그 知를 致하였으며, 致知는 격물에 있다."

여기서 연구할 것은 欲修其身者 先正其心 欲正其心者 先誠其意 欲誠其意者 先致其知다.

대체로 身·心·意·知·物은 止至善에 대한 공부하

는 조리다. 이를 각각 분리하였으나 실상은 한 계통의 일이니, 身은 心의 형체와 그 작용을 나타내는 것이요, 心은 身의 영명한 주재자에 불과하다. 따라서 몸을 닦으려는 자는 먼저 마음을 바르게 해야 한다. 아름다운 빛깔을 좋아하고 악취를 싫어하는 뜻이, 참되지 않고서는 마음을 바르게 할 수 없는 것이다. 그러나 뜻에서 발하는 바에 선악이 있으니, 거기에 참과 거짓이 있으므로, 비록 뜻을 성실하게 하려 해도 잘되지 않는다. 그러므로 뜻을 참되게 하려는 공부는 반드시 知를 致함에 달려 있으며, 그렇게 하려면 반드시 物을 格하는 공부가 뒤따라야 한다는 것이다. 그래서 양명은 특히 초학자들에게 격물의 공부에 힘쓰기를 거듭 강조하고 있다.

"物을 格한 뒤라야 知가 채워지고 넓어질 수 있으며, 知가 채워지고 넓어진 뒤라야 意가 참되며, 意가 참된 연후에야 마음이 바르게 된다. 또 마음이 바르게 된 뒤라야 몸이 닦여지고, 몸이 닦여진 뒤라야 집안이 거느려진다. 그리고 집안이 거느려진 뒤라야 나라가 다스려지고, 나라가 다스려진 뒤라야 천하가 태평해진다."

이는 격물치지에 이르는 공부를 거꾸로 하여 대학의 근본 정신으로 복귀함을 이르는 것이다. 그러니까 격물의 공부를 倒置法에 의하여 증명해 보인 것이다. 〈역〉

에 이르기를 '知至至之'라 하였는데, 이는 곧 至를 知하는 것은 知요 至하게 하는 것은 致라는 말이다. 그리하여 그 '지식을 채우고 넓힌다'는 致知는 知至와 같은 뜻으로 해석되고 있다.

양명의 '大學問'을 읽으려면 반드시 선악에 대한 양명의 표준설을 알아야 한다. 양명은 지선을 마음의 본체로 보고, 그 본체 위에 조금이라도 넘는 것이 있으면 곧 악이라 하였고, 선이 있어서 악이 상대적으로 있는 것이 아니라고 하였다. 마음 그대로가 발현되면 악은 없어진다. 이에 치우치거나 기울게 되면 양지로써 지선을 장애 음폐하여 비로소 악으로 나타나는 것이라 하였다. 그리하여 어떤 사물에 대해서도 이를 꿰뚫어 보고, 흔들림이 없게 하기 위해서는 반드시 物을 格해야 한다.

양명이 말했다.

"先儒는 격물을 해설하여 천하의 物을 格한다 하였는데, 천하의 物을 어떻게 格할 것인가. 그리고 한 그루 초목마다 모두 이치가 있다고 하였는데, 이것을 어떻게 格할 수 있단 말인가. 설사 초목을 격하였다고 하더라도, 여기서 어떻게 자기의 意를 참되게 할 수 있을까. 나는 격을 해석하여 正이란 글자의 뜻으로 풀고, 物을 해석하여 事의 뜻으로 하였는데, 〈대학〉의 이른바 身은 곧 이목구비와 사지이며, 몸을 닦는다 함은 바로 예가 아니면 보지 말고, 예가 아니면 듣지 말고, 예가 아니면 말하지 말고, 또 예가 아니면 움직이지 말아야 함을 요구하는 것이다."

여기서 말하는 예란 앞에서 말한 바와 같이 천연의 中이니, 양지의 본체와 그 발현을 가리키는 것이다. 따라서 克己復禮란 곧 본체로 복귀하는 것을 말한다.

"이와같이 이 몸을 닦으려 하면, 몸에 대하여 어떻게 공부할 것인가. 마음이라는 것은 몸의 주재자이므로 눈으로 본다는 것은 마음으로 보는 것이요, 귀로 듣는 것도 마음이며, 말하고 움직이는 것도 곧 마음의 작용이다. 그리하여 몸을 닦으려 하면, 자기의 心體에서 스스로 깨달아 언제나 廓然大公하게 하여, 조금이라도 부정한 곳이 없게 해야 한다. 그리하여 일단 바르게 되면, 눈이 트여 예가 아니면 보지 않을 것이며, 귀가 트여 예가 아니면 듣지 않을 것이요, 입이나 사지에서 마음이 트여 스스로 예가 아니면 말하지도 움직이지도 않을 것이다. 그러므로 '몸을 닦는 것은 그 마음을 바르게 함에 있다'고 한 말은 곧 이것이다.
그러나 지선은 마음의 본체이므로 마음의 본체에는 어디라고 하더라도 불선함이 있을 수 없다. 따라서 이

제 마음을 바르게 하는 것을 요구한다면, 본체상에서는 손댈 곳이 없고, 오직 마음이 발동하는 곳에서만이 힘써 볼 수 있다. 마음이 발동할 때에는 불선한 것이 없을 수 없으므로 이곳에 힘써야 하며, '意를 誠하는 데에 있다' 함은 이를 두고 한 말이다. 가령 하나의 생각이 나타나면서 악을 좋아한다면 철저하게 선을 좇아야 하고, 그것이 악을 미워한다면 철저히 악을 미워해야 한다. 그리하여 뜻이 나타나면서 정성스럽지 않음이 없으면 부정함이 있을 까닭이 없다. 그러므로 마음을 바르게 하려는 공부는 意를 誠하게 함에 있으며, 공부가 성의에 이름으로써 비로소 명백한 도가 생기게 되는 것이다.

그러나 意를 誠하게 하는 공부는 또 知를 致하는 데 있으므로, 남은 비록 알지 못하더라도 나만이 안다는 것이야말로, 바로 내 마음의 양지가 그 궁극의 목표가 된다. 그러나 선을 알고도 양지에 의하지 않고, 선인 줄 알면서도 양지에 의하여 고치려 하지 않는다면, 그 양지는 이미 막히고 가려 버렸으니, 이는 知를 致하지 못한 까닭이다. 내 마음의 양지가 이처럼 속속들이 확충되지 못하고서는, 비록 선을 좋아할 줄 알면서도 착실하게 좋아할 수는 없으며, 비록 악을 미워할 줄 알지만 착실하게 미워하지 못하니, 어찌 意가 정성될 수 있겠는가. 그러므로 知를 致함은 意가 정성되게 되는 근본이다.

그러나 이 또한 함부로 知를 致하는 것이 아니다. 知를 致하는 것은 사물에 있어서 이를 格하는 것이므로, 생각이 성실하면 그 일에 대하여 格하고, 생각이 악을 버리면 그 일에 대하여 격하는 것이다. 악을 버리는 것은 부정을 격하여 바른 데로 돌아가게 하는 것이요, 선을 추구하면 불선함이 바르게 되므로, 이 또한 부정함을 격하여 바른 데로 돌아가게 하는 것이다.

이렇게 하면, 내 마음의 양지는 사욕에 가리는 일이 없으므로 궁극에 이를 수 있는 것이며, 생각이 발휘되는 대로 선을 좋아하고 악을 버리면서 정성되지 않을 수 없을 것이다. 성의를 공부함에 있어서 먼저 착수할 것은 物을 格하는 것이다. 이런 방법으로 物을 格한다면 누구나 다 할 수 있을 것이니, 사람마다 요순이 될 수 있다는 것은 이를 두고 하는 말이다."

이는 양명의 大學問의 요체요 결론이다.

그의 '拔本塞源論'은 제자 顧東橋의 물음에 답한 글월 속에 든 것인데, 대체로 大學問은 학자들로 하여금 그 학문에 손댈 곳이 없게 한 글이다. 그러므로 격물치지에 대하여 가장 상세하고 치밀하게 해설하였다.

그러나 그는 이 글이 완성되기에 앞서 제자들에게 이런 말을 했다.

"지금 내가 말한 것들은 모두 그대의 질문에 답하여 대강 설명한 것이다. 따라서 아직 拔本塞源論에는 미치지 못하였다. 이 글이 세상에 밝혀지지 않을진대, 학문은 장차 날마다 늘어나고 또 어려워질 것이니, 사람이 사람 노릇을 하지 못하는데도 그래도 성인의 학이라고 할 수 있을까. 내 말이 비록 한동안 잠깐 밝아졌다고 할지라도, 마침내는 서쪽에서 解凍하면 동쪽에서 結氷하고, 앞에서 안개가 걷히면 뒤에서 구름이 일어나, 아무리 떠들고 헛된 고생으로 종신토록 계속한다 해도 세상에는 조금도 유익함이 없으리라."

이는 그가 천하의 도에 대하여서 자기의 학설이 완전히 발본색원할 수 없음을 예증한 것이다. 그가 목표로 삼은 것은 바로 성인의 학이었다. 그러나 3代(夏·殷·周) 이후 왕도는 쇠하여 사회는 이기심의 발달과 함께 覇術이라는 것이 일어나서, 인간의 근본 문제인 양지의 탐구는 완전히 가려져 버렸다.

이러한 추세를 크게 걱정한 유가들은 열심히 고대의 제도와 교훈 등을 수집해서, 다시 인간의 자각에 호소하여 '仁愛의 세계'를 회복하려고 노력했다. 그러나 이미 오랫동안 물질적 생활에 빠져 버린 인간에게는 이미 학문도 인격도 모두 물질화하여 모처럼의 노력은 이기주의자들의 사욕을 채우기 위한 수단으로 이용되었을 뿐이다. 그리하여 학문은 점점 그 본래의 의의를 상실하고 단순한 생활의 방편에 불과하게 되었다. 그 이래로 부질없이 문자의 주석만을 시도하는 訓詁學과 그저 무의미하게 광범한 독서를 일삼는 記誦之學 및 공허한 文詞를 아름답게 나열하는 데 그치는 詞章之學을 숭상하는 자들이 나와, 제멋대로 주의·주장을 휘두르게 되니, 양명의 근심한 바가 바로 이것이었다.

그리하여 그의 발본색원론은 이렇게 끝을 맺고 있다.

"성인의 學은 날마다 멀어지고 어두워져서, 功利의 중첩은 갈수록 타락하였다. 그 동안 일찍이(나는) 佛·老에 고혹된 적도 있었으나, 佛·老의 설은 마침내 그 공리적 私心을 이기지 못하였다. 또 지난날 여러 선비들에게 절충하기도 하였으나, 뭇선비들의 이론도 마침내 그 공리적 私見을 깨뜨리지 못하였다. 대체로 지금까지 공리의 독소가 수천 년 동안 인간의 마음과 골수에까지 침투하여, 무엇이나 모두 이기적 수단으로 보여, 거의 인간의 본질적 경향으로 되고 말았다. 知로써 피차 버티고, 勢로써 상호 밟으며, 利로써 서로 다투고, 기능으로써 각자 '나'를 자랑하며 聲譽로써 취한다.

나아가 벼슬하는 데에는 錢穀을 다스리는 자가 兵刑을 겸하려 하고, 예악을 맡은 자가 銓衡에 참여하려 하고, 郡縣에 처하면서 藩府의 높은 것을 생각하고, 臺諫

으로 있으면서 宰執(宰相)에의 등용을 바라게 되었다. 그러므로 그 벼슬을 겸하려 하면 該事에 능란하지 않고는 겸할 수 없고, 그 영예를 얻으려면 該說에 박통하지 않고는 불가능하므로, 記誦의 博大로써 오만을 기르게 되고, 지식의 많은 것으로써 곧 악을 행하게 되며, 문견의 넓은 것은 그 변설을 방자하게 하고, 詞章의 풍부함은 거짓을 늘게 하였다.

그러므로 皐(고)·虁(기)·稷(직)·契(설)이 겸해서 하지 못한 일을, 지금의 초학자들은 학설을 모두 알고자 하고 그들의 術을 통째로 궁구하려 한다. 그리하여 名號를 빌려 칭한 것으로서, 언제나 천하 일을 한 가지 이루려 해도 誠心(성심)·實意대로 말한다면, 이렇게 하지 않고는 나의 이욕을 다할 수 없는 것이다. 아아, 이러한 心志를 가진데다가 이런 학술로써 강론하니, 내가 성인의 가르침을 들어 말하는 것은 부당하며 군더더기라 아니할 수 없을 것이다. 그러나 良知로써도 부족하다고 하여, 성인의 학을 말하여 쓸데없는 것이라 하는 것도 타당하지 않다. 아아, 선비로 이 세상에 처하면서 어떻게 성인의 학을 구하며, 어떠한 방법으로 성인의 학을 논할 것인가. 선비로서 학문을 하려는 자는 얼마나 번잡하고 괴롭게 지내야 한단 말인가. 구애·침체되며 험난하지 아니한가.

아아, 슬프다. 그래도 다행한 것은 天理가 아직 人心

에 건재하여 항상 없앨 수 없으니, 양지의 밝음은 만고가 하루 같은 것이다. 나의 발본색원론을 들으면, 반드시 서글퍼하지 않고 분발하여 일어날 사람이 있을 것이니, 江河를 터놓아 물이 세차게 흐르듯 막을 수 없으리라. 걸출한 선비의 기개로 일어나는 자가 아니면 내 누구에게 바랄 것인가?"

聖學에 대하여 깊이 뜻을 세우고 양지를 체득·실현하여 자유스러운 인격을 완성하려는 자는 반드시 수천 년 동안 내려온 인습의 쇠사슬을 끊고, 분연히 그 노예적 생활을 배척·탈피하는 '호걸스런 선비'가 되어야 한다.

이런 사람은 내면적으로도 곤란하려니와, 동시에 세상의 비난과 박해가 끝없을 것이며, 이를 감수하고 인내해 낼 각오가 있어야 할 것이다.

공자를 보라. 그처럼 위대하고 완성된 인격자이면서도, 당시의 이웃 백성들에게는 여전히 '東家의 丘'라고 지칭되었을 뿐이고, 그를 존경했다는 말은 별로 없다.

앞으로 동양 사상을 연구하려는 자는 반드시 앞에서 말한 대로 양명의 당부를 상기할 일이다. 모든 관념적인 유희에서 탈피하고, 先人의 한마디 한마디 말을 깊이 음미하여, 의심할래야 의심할 수 없는 자아의 明德을 밝혀, 대지 위에 모든 것을 포용하는 마음의 왕국을 건설해야 할 것이다.

제3장 王陽明本傳

1 생장과 방황

王陽明의 이름은 守仁, 字는 伯安이며 양명은 그의 호다. 그는 중국 浙江省 餘姚縣 태생으로 다섯 살 때까지의 아명은 雲이었다.

여요는 長江(揚子江) 남쪽 杭州灣과 가까운 곳으로서, 원근이 높은 산과 아득한 봉우리로 둘러싸여 풍광이 아름다운 고장이다. 남국의 자연을 배경으로, 풍부한 물자와 아름다운 풍속 등으로 문화의 중심지를 이루어, 예로부터 영특한 인재들을 많이 배출하였다. 그래서 양명학파를 가리켜 姚江學派 또는 餘姚學派라 일컫기도 한다.

그의 가문을 살펴보면, 멀리 晉代의 光祿大夫 王覽, 그리고 不朽의 書聖이라 일컫는 王羲之·獻之(父子) 등의 뛰어난 조상이 있고, 그의 祖父 天敍는 호가 竹軒인데 〈竹軒稿〉〈江湖雜稿〉 등의 저서가 있고, 벼슬은 翰林院修撰을 지냈다. 아버지 華는 과거에 장원하여 벼슬이 南京의 吏部尙書에 이르렀다. 그의 字는 德輝, 호는 實菴이며 晩年에는 海日翁이라 하였는데 일반적으로는 龍山公이라고 불렸다. 이상의 연원으로 볼 때 대단한 명문임을 알 수 있다. 어머니 鄭氏가 현부인이었는지는 자세하지 않으나, 王華와 결혼하여 이듬해 가을에 14朔 만에 양명을 낳았다고 한다. 그의 출생이 1472년 9월 30일 丁亥니까, 때는 명나라 憲宗 成化 8년 임진으로, 이 해는 우리 조선조 成宗 3년에 해당한다.

守仁은 5세에 말을 하기 시작하고, 그의 유년 시절은 담이 크고 영리하며 말 잘하는 개구쟁이였다고 한다. 성화 17년 그가 10세 되던 해에 아버지 華는 進士試에 장원하여 서울로 올라가고, 수인은 조부 天敍를 따라 會稽로 이사하여 살았다. 아버지가 엄격하고 절도 있는 군자였음에 반하여, 조부는 사물에 구애받지 않는 매우 담박한 성품으로 손자를 방임하였다. 그래서 그는 조부 슬하에서 구김살없이 자유롭게 자라났다. 두뇌가 영민하여 놀랄 만큼 이론에 밝아 따지기를 잘하는 동시에 대담하고 제멋대로였다.

이듬해 11세 때, 그는 아버지의 부름을 받고 조부와 함께 상경하게 되었다. 도중에 金山을 지나는데, 조부와 동행한 나그네가 마주 앉아 술을 마시면서 詩想에 잠겨 있노라니, 수인이 옆에서 불쑥 튀어나와 제법 어른스러운 시를 지어 좌중의 손님들을 놀라게 했다는 이야기는 유명하다. 북경에 올라간 뒤에는 아버지의 훈육을 받는 한편 글방에 다니면서 교육을 받았다. 勝癖이 강한 소년 수인은 누구에게나 지기를 싫어하고, 남이 따를 수 없는 대담한 행동을 곧잘 하였다. 훗날 군사를 麾動하여 난적을 평정한 것 같은 기상은 어려서부터 싹 트기 시작했던 것이다. 그의 이러한 성품에 대하여 華는 매우 염려했으나, 竹軒公만은 손자의 어떤 점을 관찰했는지 항상 웃으며 방관하는 입장이었다고 한다.

그가 13세 되던 해에 어머니 정씨가 세상을 떠났다. 담이 큰 개구쟁이도 그때만은 매우 슬피 울었다고 한다. 그후로 그는 계모의 냉대 속에 적막하게 성장하였다. 그러나 남에게 지기 싫어하는 소년은 슬픈 마음을 억누르면서 계모에게 굴종하는 행동은 없었다. 아니 손댈 수 없는 장난꾸러기로서, 항상 새어머니 계모의 반감을 도발시켰을 것이 분명하다.

다음에 전하는 이야기는 그의 면목을 가장 잘 말해 주고 있다.

어느 날, 소년 수인은 길거리를 왔다갔다하며 놀고 있다가, 부엉이를 올가미에 묶어 팔고 있는 사람을 보았다. 왕소년은 무슨 생각에선지 주머니에서 돈을 꺼내어 부엉이를 샀다. 그러고는 얼마 뒤 집 근처에 사는 점쟁이 할멈집 앞에 이르러, 노파를 찾아 얼마쯤의 돈을 주고 무엇인가 한동안 속삭이고 떠나갔다. 집에 돌아온 소년은 제 방에 앉아 시치미를 떼고 있는데, 얼마 있자니 계모의 방에서 찢어질 듯한 여인의 비명이 들려왔다. 계모가 장롱에서 무심코 잠옷을 꺼내려는데, 난

데없이 부엉이 한 마리가 방 안을 날아 들어와, 날개를 푸드득거리면서 미친 듯이 날아다녔던 것이다. 기겁을 한 계모는 문을 열고 사람을 부르며 한동안 소란을 피운 끝에 겨우 부엉이를 밖으로 내쫓았다.

시골에서는 미신으로, 날짐승이 방 안으로 날아 들어오는 것을 매우 꺼린다. 게다가 부엉이 울음은 듣기에도 흉악한 소리가 아닌가. 뜻밖의 변에 놀란 계모가 파랗게 질려 불안에 떨고 있는데, 장난꾸러기 소년 수인은 소동에 놀란 척 천연스럽게 계모의 방으로 들어가서는 계모에게 전말을 듣고 근심스러운 듯, 무슨 일인지 점쟁이 할멈에게 물어 보자고 제안을 했다. 계모는 서둘러 점쟁이 할멈을 불렀다. 잠시 후에 노파가 불려왔는데, 할멈은 문간을 들어서자마자 연신 고갯짓을 하면서, '이상하군, 이상해!'라고 중얼거리는 것이었다. 할멈은 계모의 면전에 이르러 그녀의 안색을 살피면서 말했다.

"마님의 안색이 매우 나쁘군요. 어떤 불길한 일이 마님의 신변에 닥쳐오고 있군요."

이쯤 되니, 계모는 떨면서 지난 일을 노파에게 모두 고하였다. 노파는 다 듣고 나자, 어쨌든 자기의 신에게 물어 보아야 하겠다면서, 공경스런 태도로 등촉을 밝혀 향을 피우고, 신 앞에 계모로 하여금 절을 하게 하였다. 그러자 할멈은 중얼중얼 축문을 외더니, 갑자기 전부인 정씨의 혼이 덮인 듯이, 무서운 소리로 계모를 꾸짖으며 원망하는 게 아닌가.

"너는 내 아이를 괴롭히고 있으니, 나는 하늘에 이 일을 알려서 너의 목숨을 뺏고야 말겠다. 먼젓번 보낸 부엉이는 내 化身인 줄 알아라!"

계모는 이 소리에 금방이라도 죽을 것만 같아서, 놀라고 두려워 마음속으로 후회했다. 정신없이 몇 번이고 절을 하면서 회개하고 용서를 비는 말을 했다. 그러자 노파는 제정신으로 돌아온 듯 말하는 것이었다.

"하마터면 그 부엉이한테 마님의 생명을 빼앗길 뻔하였군요. 좌우간 다행한 일입니다."

이로부터 소년 수인은 계모로부터 후한 대접과 사랑을 받았다고 한다.

이처럼 영리하고 짓궂은 소년이 잘못된 교육을 받았다면 얼마나 불량한 청년이 되었을까 하는 것은 짐작하기 어렵지 않다. 그러니 아버지가 걱정했던 것도 당연한 일이다. 그러나 선천적으로 선량한 자질을 타고난 데다가, 훌륭한 아버지와 조부의 교육을 통하여 그는 차츰 진리의 길로 들어서게 된다.

또한, 그는 어려서부터 호매한 기상이 있어 말타기와 활쏘기에 열중하고 병서를 탐독하였으며, 15세 때에는 아버지의 친구를 따라 멀리 만리장성의 居庸關에 놀러갔고, 저 유명한 伏波將軍 馬援에게 사사하기도 했다. 같은 해 畿內 秦中에 폭도들이 일어나자 아직 젖내나는 소년의 몸으로 上書하여, 친히 1만 군사를 거느리고 출정하겠다고 하여 아버지로부터 심한 책망을 듣기도 했다. 대체로 조숙한 두뇌의 소유자는 16,7세가 되면 이미 훌륭히 자각의 눈을 뜨게 되는 것이다.

그러나 야생마와도 같이 사나운 소년 왕수인도 그때부터 차츰 학문에 젖게 되면서, 내면적인 자각이 아울러 성숙하게 되었다. 지금까지 任俠으로 자처하여 활쏘기며 말타기에 탐색했던 그는, 鋒芒(창칼 끝)을 돌려 자신의 내면을 향하게 되었다. 발랄한 英氣를 타고난 사람은 어떤 동기를 만나게 되면 훌륭하게 약진하는 법인데, 왕수인이 바로 그러한 전형이었다. 이리하여 汪然한 생명력을 내면으로 전개한 소년 왕수인은 점점 세상을 응시하는 청년으로 성장하였고, 남국인다운 감수성으로 자연의 유구한 모습과 요란하기만 하고 덧없는 인생의 變轉에 고민하기 시작하였다. 자연은 언제나 湛然하여 無礙自由인데, 인생은 끊임없이 고민하고 초조히 생각하며 얽매인 가운데 덧없이 지나간다. 어제까지 복파장군에게 사사하던 쾌활한 청년도 오늘에 와서는 오로지 현세를 초월하는 요원한 피안을 동경하게 되었고, 스스로 佛家와 노자를 사모하여 詩歌에 마음을 기울이게 되었다.

이러한 가운데, 세상은 孝宗의 弘治 元年이 되었고 그의 나이 17세. 이 해 봄에 그는 고향인 여요로 돌아온다. 그후 강서로 옮겼다가 여름이 되어서 강서의 布政司 參議 諸養和의 딸을 맞아 장가들었다. 전하는 바에 의하면, 혼인 당일에 그는 많은 家人들이 분주하게 일하는 틈에 갑자기 종적을 감추어 버렸다고 한다. 얼마 후 신랑이 행방불명이 된 것을 안 집안 사람들은 크게 놀라 사방으로 사람을 놓아 수소문하여 그가 갔음직한 장소는 모조리 수색하였다. 그러나 밤이 되어도 여전히 그의 종적은 찾을 수가 없었다. 밤이 지나고 날이 샐 무렵, 수소문하던 사람들은 뜻밖에도 道觀(道敎의 寺院)인 鐵柱宮에서 어느 도사와 고목처럼 가부좌하여 仙家의 공부에 열중하는 신랑을 발견하였다. 그는 이때 도사로부터 養生의 비결을 들었던 것이다. 그리하여 靜坐調息하며 침식을 잊고 마침내는 날이 새는 것도 몰랐다.

이처럼 그는 무슨 일에 탐닉하여 철저히 실천궁행하는 성격이었으나, 평소에는 곧잘 해학을 농하는 쾌활하고 다정다감한 청년이었다. 그의 소년 시절의 성행에 대해서는 오늘날 상세히 알 수는 없으나, 여러 가지 기록을 종합해 보면 군자의 후예로서 오히려 제멋대로이고, 누구에게도 굴하지 않았으며, 매우 자율적인 성격을 지니고 있었음에 틀림없다.

그 이듬해 그는 신부를 데리고 향리로 돌아왔다. 도중에 廣信府에서 주자학자 婁一齋(諒)를 방문하게 되는데, 이 사실은 양명의 심적 향방을 더듬는 데 있어서

간과할 수 없는 일이다.

누일재는 유명한 신주자학자 吳康齋(與弼)의 高弟다. 당시 천하의 유학은 의연히 주자학에 의하여 지배되고 있었는데, 오랫동안 학문적 인습과 그 폐해로 주자학의 운명 또한 명맥을 잃어 가고 있었다. 시대의 요구는 번잡하고 생명없는 字句의 주석에 이미 염증을 불러일으켜, 공허한 개념적 사고나 형식적 道學을 떠나, 당장 개체의 생명을 파악할 수 있는 실천적이며 활용적인 학문의 출현을 갈구하고 있었다. 따라서 종래의 주자학의 末流들에 의하여 대표되는 유학은 이미 무력한 상태였다. 이러한 시대적 요구에 부응하여 나타난 것이 바로 오강재 일파의 학문이었다. 그들은 無爲한 탁상의 空學을 배척하여 서적들을 던져 버리는가 하면 혹은 괭이를 잡고 밭갈이하는 틈틈이 聖賢을 논하고 학문을 설명하였으며, 앉으나 누우나 도를 구하여 명상에 잠기곤 하였다. 불행히도 누일재의 학설이나 인물에 대하여는 잘 알 수 없지만, 그의 스승인 오강재나 동문 陳白沙·胡敬齋 등을 미루어 볼 때, 그 학설의 간이·명쾌함을 상상할 수 있다.

다감한 청년 왕양명은 누일재의 강한 개성과 인격에 접하고, 사람마다 누구나 성현의 자질을 갖고 있음을 배우고 크게 감동하였다고 한다. 누일재의 敎旨는, 사람마다 욕망이라는 미망을 떨쳐 버릴 수 있다면 누구나 성현의 길을 걸을 수 있다는 것이었다. 그리하여 그는 혼돈된 자신의 사상 가운데에서 한 가닥 뚜렷한 이상의 광명을 발견하였던 것이다.

이렇게 하여 더욱 심각한 자아의 발전으로 그의 영혼은 심화한 반면 이로 인한 청년 양명의 내면적 번민은 더욱 깊어만 갔다. 그것은 곧 현실과 이상, 그리고 누일재 등의 提唱한바 천리와 人慾의 충돌, 이성과 감성의 마찰이었다. 이러한 경향들은 가지가지 관능적 충동으로 성숙하는 반면, 인격의 연마가 부족한 청년들에게 있어서 비상한 고통을 주게 되는 것이다.

양명은 여요에 돌아온 후에도 침착하게 있을 수가 없었다. 또 풍부한 예술적 천분은 저절로 그를 충동질하여 문예에 탐닉하게 만들었다. 당시 양명의 생활은 긴장의 연속이어서 거의 매일 밤늦도록 경서를 읽거나 諸子의 사상을 탐구하거나 깊이 역사를 연구하는 일로 세월을 보냈다. 평소에는 아주 활달한 태도로 말 잘하고 잘 웃던 그가 갑자기 두드러지게 근엄한 모습을 하거나 침묵해 버리기가 일쑤였다. 그래서 집안 사람들이나 당시 함께 공부하던 종형제들이나 매제는 그의 갑작스런 변덕을 놀려대기까지 했다고 한다. 그러나 양명의 신조는 꿋꿋했다.

"농담을 잘하거나 장난을 일삼는 인간치고 변변한 자

는 없다. 마음이 바른 사람은 그 언어와 행동도 정제되고 엄숙해지는 법이다. 나는 이제야 겨우 내가 개방적이며 방종적인 잘못을 깨달았다. 蘧伯玉(瑗)은 50세가 되어 비로소 지난 49년의 잘못을 뉘우쳤다고 하지 않았는가."

21세 때 그를 가장 사랑하고 이해하여 주던 조부가 북경에서 별세했다. 그 해 가을에 고시의 예비시험이라고 할 수 있는 浙江의 鄕試에 급제했다. 당시 그는 계속해서 주자의 철학을 연구하였는데, 실천 윤리의 공부 이외에는 한 걸음도 학문적 진보를 보지 못하였다. 그리하여 심원한 형이상학적인 사색에 익숙하지 못하고 단지 소박하고 이상적인 탐구에만 골머리를 앓고 있다가, 마침내 이것이 원인이 되어 신경쇠약에 걸리고 말았다. 스스로 자기 같은 인간은 도저히 심원한 哲人의 경지에 도달할 수 없다고 비관하고, 다만 誦詩作文으로 자신의 슬픔을 달랬다. 실의의 나날이 계속되면서 성인의 도에서는 점점 멀어지고, 이제 官界로 나아가 호구지책이나 마련할 셈으로 그 이듬해에는 會試를 보았으나 끝내 낙방하고, 다시 25세 때 응시하였으나 실패했다. 그러나 그는 낙심하지 않고 고향 여요로 돌아와 龍泉山에 詩舍를 짓고 오로지 예술을 논하는 벗들과 어울려서 세월을 보냈다.

당시 명나라는 외적의 침입이 잦고 환관들에 의하여 정치는 극도로 문란하여 국운이 날로 기울어 가는 형편이었다. 도둑은 날로 성하여 가는데 군대는 무력하기 짝이 없었다. 학문은 남송 이후 계속해서 주자학이 官學으로 행세해 왔으나, 주자학의 末流들에 의한 허식적인 공론과 고루한 폐단으로 인하여 학술적으로도 쇠퇴일로에 있었다.

이러한 국내의 사정에 실망한 양명은 26세 때 다시 상경하였으나 학술 연마에는 흥미를 잃고, 그 반면 전날 복파장군에게 사사했던 소년의 銳氣(예기)를 드러내어 다시 병서와 전술 연구에 몰두하게 되었다. 그가 만년에 召命을 받고 여러 번 출정하여 난적을 토벌하여, 한 번도 실수 없이 혁혁한 공을 이룬 것도 모두 그의 호매하고 영걸스런 기질 탓이었다.

그가 兵學에 기울어졌음은 사실이나, 그렇다고 해서 이미 체득한 철학적 사색이 끊어진 것은 아니었다. 해가 바뀌는 동안 그의 학문은 더욱 정순하게 연마되어 깊이 학문의 원리를 파고들었다. 그는 이제까지 자신의 정신 생활이 얼마나 무질서하고 조잡했던가를 깨닫게 되어, 더욱 깊고 그윽한 명상의 세계로 몰입하였다. 이로 인해, 원래 蒲柳처럼 허약한 체질이었던 양명은 다시 지난날의 신경쇠약이 발작하여 고통을 당했다. 이 무렵 그의 가장 큰 고민은 곧 '物'과 '心'의 관계를 규명하는 것이었다. 주자의 학설에 의하면 物과 心은 서로 독립한 실재다. 주자는 그 사물의 진상을 추구함으로써 우주를 이해할 수 있다고 설명하고 있다. '서로 독립한 것 사이에 어떻게 교섭이 성립될 수 있는가.' 또 '마음으로 사물의 진상을 궁구하는 것이 과연 어느 정도에까지 가능한 것인가.' 그리고 '이러한 방법으로 해결될 수 있는가.'

그리하여 그는 자신의 신경쇠약과 학문적 번민 때문에 道家의 養生說에 마음을 기울여 靜寂의 경지를 동경했으므로, 양명의 학문은 도학 외에 佛學에도 정통하였다 한다.

병고와 번민과 싸우던 그는 弘治 12년, 28세 되던 해 봄에 會試를 보아 급제했다. 얼마 뒤 欽差官으로서 옛날의 威寧伯 王越의 造墳工事 감독으로 임명되어 濬縣으로 부임하였다. 여기서 그는 지난날에 익힌 병학의 陣法을 응용하여, 역군들을 부려 공사를 진행시킨 이야기는 유명하다. 그러나 매일 공사 현장을 내왕하면서 從者들의 권유를 물리치고 가마 대신 승마를 이용한 것이 원인이 되어 뜻밖의 부상을 입게 되었으니, 여기서 가슴을 다친 것이 훗날 폐환의 원인이 되었던 것 같다. 그때 험준한 언덕을 지나다가 말이 놀라 뛰는 바람에 낙마하여 가슴을 다쳐 피를 토하였으나 여전히 그 말을 타고 현장을 내왕했다고 하니, 양명의 면모와 정신의 강인함을 엿볼 수 있는 이야기다.

 조분 공사를 마치고 복명하는 날, 하늘에 마침 혜성의 이변이 있어서 조정에서는 두려워하여, 널리 詔勅을 내려 기탄 없는 시사 평론을 모집하였다. 조정에서 이러한 배려를 한 것은 계속되는 반란으로 서북방의 변경이 소란하여 민심이 흉흉하였기 때문이다. 이에 양명은 慨然히 '邊務八事'를 논하여 강병책을 설파하였다. 그 문장의 명백·통절함은 천하가 일컬을 만했다.

 이듬해 그는 刑部主事로 임명되고, 다시 다음 해 30세 때에는 江北으로 부임하여, 獄事를 심판하고 죄수를 심문하는 등의 일에 종사하였다. 벼슬이 工部에서 刑部로 옮겨져 부임하여 관직을 수행하면서도, 그는 九華山의 절경을 사모하여 심산에 노닐었고, 無相·化城 등 여러 사찰에 유숙하면서, 세속을 끊은 승방에서 老僧과 더불어 詩仙의 발자취를 따라 곧잘 담론하며 즐겼다. 그러나 이때부터 약간씩 기침을 하면서 건강이 나빠지기 시작했다.

 이 무렵 그가 佛·道에 얼마나 심취되었는지는 다음의 이야기에서 잘 알 수 있다.

 어느 날 道觀에 들렀더니, 남루한 옷을 걸치고 蓬頭亂髮한 도사가 책상다리를 하고 앉아 있는 것을 보고 신선에 관한 일을 이야기하기 시작했다.

"나도 배우면 신선이 될 수 있습니까?"

도사가 머리를 내저었다.

"그대는 아직 안 된다."

그는 종자들을 물리치고 다시 공손히 도사를 뒤뜰의 정자에 모시고, 두 번 절한 후 仙術에 대하여 간곡하게 물었으나 도사는 여전히 허락하지 않았다. 그가 더욱 공경하여 간청하자 도사가 말했다.

"아무리 나를 공경해도 소용없다. 그대는 하나의 俗吏에 불과하지 않는가. 아직도 名利를 잊을 수는 없을 터인데, 仙人이 되고 싶다기보다는 선인을 좋아하는 것에 불과하다."

이 말에 양명은 비로소 자기의 경솔함을 깨닫고, 크게 웃으며 도사와 작별하였다 한다. 단순한 호기심이 道心이 될 수 없음은 물론이다.

또 이런 이야기도 있다. 험준한 산중 동굴에 火食을 일체 하지 않는 늙은 도사가 있다는 말을 듣고, 양명은 산을 타고 올라가 그 도사를 방문하였다. 도사는 그때 마침 노송 밑 낙엽 위에 누워 깊은 낮잠에 빠져 있었으므로, 그는 손으로 도사의 다리를 어루만지며 정좌하고 있었다. 잠시 후 늙은 도사는 잠에서 깨어나 놀라며 이 험한 산중에 어떻게 왔느냐고 물었다. 그는 유교와 佛老의 오묘한 진리를 논하기 위한 걸음이니 무엇인들 못하랴 생각하고, 계속해서 유교에 대하여 이야기가 옮아갔다. 도사는 周濂溪·程明道를 기리고, 朱晦庵(熹)은 아직 第一義에 도달하지 못했다고 하면서 계속해서 현묘한 이치를 논하였다.

날이 저물어 양명은 돌아왔다. 그러나 그 도사를 잊을 수 없어서 이튿날 다시 등산하였더니, 그때 도사는 간데 없고 어두운 동굴 속에는 냉기만 감돌았다고 한다.

弘治 15년에 양명은 옥사의 결과를 보고하기 위하여 북경으로 돌아왔으나 그의 건강은 더욱 악화하였고, 더구나 도가에 대한 집착 때문에 계속해서 관직에 머무를 수 없었다. 그리하여 마침내 사직하고 여요로 돌아와, 陽明洞에 精舍를 짓고 운둔 생활에 들어갔다. 양명이란 호는 이로 말미암은 것이다.

그의 귀향을 가장 애석히 여긴 사람들은 그때의 詩人 동료들이었다. 당시 서울의 문단에는 李夢陽·何景明 등 소위 복고파 인사들이 있었고, 또한 太原의 喬宇나 廣信府의 汪俟, 姑蘇의 顧璘·徐禎鄕과 山東의 邊貢 등도 일찍이 양명과 詩才를 겨룬 문우들이었다. 그러나 이들은 타락한 생활에 젖어 예술적인 독창성도 없었고 幽玄한 생명력도 가지고 있지 않았으므로, 양명은 자신의 갈등으로 인하여 그들과 계속해서 교우할 마음의 여유가 없었던 것이다. 그는 결연히 소매를 걷어붙이고 서울을 떠났으니 당시 나이 31세였다. 양명동에 자리를 잡고, 풍광이 좋은 자연을 벗삼아 다시 仙家의 養生調

息에 탐닉하였다. 일체의 속연을 끊고 오로지 仙佛의 無礙自由를 구하여 조용히 사색하는 가운데, 그의 두뇌는 주마등처럼 환상을 쫓아 회전하고, 더구나 살을 깎는 괴로움은 좀체로 현세의 속박을 풀어 주지 않았다. 번민과 악전고투하기 며칠 뒤, 그는 어버이를 생각하는 마음은 인간으로서의 근본적인 정애라는 한 가지 진리를 마침내 깨달았다. 만일 이를 부정한다면 인류 그 자체가 성립될 수 없는 것이다. 인간이 구하는 무애 자유란 것이 어떤 내용도 없다면, 이것은 멸망이나 다름이 없다. 佛·老 2敎가 유가에게 배척당하는 이유는 여기에 있는 것이다. 그렇다면 인간에게 있어서, 인간의 생활을 긍정하는 유교야말로 至善의 敎義였던 것이다. 인간은 인간을 떠나서는 자유를 얻을 수 없으며, 자유란 인간 세계에서 체득해야 하는 것이다. 바꾸어 말하면 자유란 상대적인 것이 아니라, 인간의 마음에서 찾아야 한다는 것이었다. 이제 20여 년 동안의 懷疑로 결론을 지은 셈이었다.

이듬해 그는 양명동을 떠나 경치가 아름다운 西湖의 물가에 萬居하였다. 南屛寺·虎跑寺 등을 내왕하면서 유유히 심신을 요양했다. 현실적인 미움을 일체 잊고, 仙佛을 구하는 導引法도 버린 채 맑은 대지의 자연에 안긴 그는 새삼스럽게 자신의 두 눈을 씻어내는 듯한 느낌이었다. 당시의 일화를 하나 소개해 보자.

그가 자주 놀러다니던 虎跑寺에 3년 동안 坐禪하는 늙은 중이 한 사람 있었다. 중은 책상다리를 하고 앉아서 눈을 감고 한 마디 말도 하지 않고, 아무것도 보지 않은 채 꼿꼿하게 명상에 잠겨 있었다. 이것을 본 양명이 하루는 중 앞에 접근하면서 크게 소리쳤다.

"和尙! 종일 무엇을 생각하고 무엇을 보고 있는 거요?"

중은 놀라 일어나더니 그에게 예를 갖추었다.

"貧僧은 不言不視하기를 이미 3년이 됩니다. 그런데 오늘 갑자기 施主께서 빈승에게 종일 무엇을 생각하고 무엇을 보느냐고 하시니, 그 소리치신 연유를 가르쳐 주십시오."

"당신은 대체 어디 태생이오?"

"빈승은 河南 태생으로 출가한 지 이미 10여 년이올시다."

"당신에게는 家屬이 없습니까?"

"예! 노모가 한 분 계시나 지금쯤 살아 있는지 돌아가셨는지……."

"당신은 어머니를 보고 싶은 생각이 없습니까?"

양명의 이 말에 중은 한동안 생각에 잠기더니, 마침내 못내 마음에 걸린다고 대답했다.

양명이 말했다.

"그것 보십시오. 마음으로 잊을 수 없는 이상, 종일토록 말을 하지 않고 있지만 마음으로는 항상 말하고 있는 것이며, 보지 않는다고 해도 마음으로는 그리고 있는 것입니다. 자식이 어버이를 생각하고 어버이가 자식을 생각하는 것은 사람의 마음속 밑바닥에서 우러나는 필연적인 힘입니다. 누가 이를 막을 수 있겠습니까? 종일토록 가부좌를 하고 염불을 왼다 해도 부질없이 심정을 어지럽힐 뿐, 그 밖에 얻는 것이 없으며, 그것이 도를 구하는 길도 아닙니다."

노승은 한참을 생각한 끝에 비로소 크게 깨달은 듯, 합장하며 그에게 사의를 표하였다고 한다.

마음이 안정되고 건강도 나아진 그는 33세 되던 해 가을에 다시 서울로 불려 가서 兵部主事가 되었다. 그러나 서울에 올라와서 더욱 절실히 느낀 것은 지식 계급이라고 칭하는 자들이 모두 얼마나 정신적으로 공허한 생활을 하고 있는가 하는 것이었다. 어떤 사람은 경서의 訓詁에 몰두하여 종일 종이를 파먹는 누에나 조금도 다를 바가 없었다. 어떤 자는 예술을 과장하여 미사여구의 환영을 좇는 몽유병자가 되어 있었다. 有爲한 청년들은 공허한 科試 때문에 학문은 사장하고 오직 기계적인 공부에 열중하고 있을 뿐, 성현의 학은 어디에서도 행해지지 않았다. 만인의 道가 장안을 관통하고 있건만, 사람들은 오히려 광야를 방황하고 있는 형국이었다.

양명은 오랜 철학적 명상에 의하여, 삼라만상이 '나'에게 대립하여 존재한다는 소박한 사고에서 탈피하여, 우주와 인생이 오로지 마음의 소치임을 간파하고 있었다. 다만 그 마음에서 어찌하여 복잡한 주관적·객관적 세계가 전개되고 있는가를 명확히 깨닫지 못하고 있을 뿐이었다. 그러나 신비의 열쇠는 이미 얻었다. 마음 밖에서 구할 것은 무엇인가?

성현의 학은 우선 마음에서 바로 자각하고, 그 자각에 따라 살아가야 함을 가르치고 있다. 자기의 사업이 이 성현의 학을 선양함에 있다고 생각한 양명은 이로부터 비로소 제자들을 모아 聖學을 강론하기 시작하였다. 그러자 무슨 일이든 트집잡기를 좋아하는 무리들은 그를 가리켜 賣名行爲라느니, 이단이라느니 하면서 갖가지 방법으로 비난하였다. 이는 우리 조선 시대의 주자학파들이 양명학의 서적이 책상 위에 놓인 것만 보아도 이단이나 邪說같이 몰아, 벌써 '斯文亂賊'이란 성토를 준비하던 경향이나 마찬가지였다.

그러나 이로 인하여 양명은 비로소 존경할 만한 한 사람의 친구를 얻었으니, 그는 곧 翰林院 編輯이었던 甘泉 湛若水이다. 湛甘泉은 일대의 거인인 陳白沙 문하의 기린아였다. 그는 先師의 강직하고 활력에 넘치는 가르침에 도야되어, 성현의 학을 진흥하는 데 열심이었다. 그런 차에 '두드리면 열린다'는 격으로 마침 양명이 출현하였다. 두 사람은 한번 만나자마자 완전히 공명하였으니, 양명에게는 비상한 자극과 힘이 되었다. 양명의 나이 34세, 아직 정신적으로 '不惑'의 경지에는 이르지 못하고 있었다.

2 번뇌와 박해

弘治 18년에 효종황제가 죽고 어린 동궁이 즉위하자, 지난날부터 그를 따르던 환관들, 소위 8虎의 무리들이 득세하여 함부로 권력을 휘둘렀다. 새 황제는 바로 武宗이며, 8虎는 劉瑾·谷大用·馬永成·張永·魏彬·羅詳·丘聚·高鳳인데, 그 대표적인 인물은 유근이었다.

이렇게 되자 先帝의 신하였던 劉健·戴銑 등은 어떻게 해서든지 저들을 배척하려 했고, 복고파 시인 李夢陽 같은 사람은 8호를 탄핵하려다가, 도리어 그들에게 역습당하여 참담하게 낭패하였다. 正德 원년에는 대선 등이 격분하여 저들을 탄핵하려 하였으나, 간악한 유근은 도리어 그들을 체포하여 옥에 가두었다.

이때 양명은 兵部主事의 벼슬에 있었는데, 대선 등이 투옥되었다는 소식을 듣고 매우 분개하여, 곧 疏를 올려 통론하였는데 그 요지는 대략 다음과 같다.

'다른 사람이면 몰라도 詵 등은 諫議官이므로 기탄 없는 언론이 그들의 책임입니다. 그 언론이 타당하면 물론 이를 가상히 용납하셔서 施政의 참고로 삼을 것이고, 설혹 약간의 불온한 점이 있다고 할지라도 대체로 관용하셔서, 저들의 자유스러운 언동을 억압하시지 말아야 합니다. 그런데 지금 그 언론이 과격하다고 하여 이들을 투옥한다면 인심에 미치는 영향은 매우 두려우며, 혹은 이후에라도 천하의 대사를 당하게 된다면, 자신의 이해를 타산하여 일체의 발언을 삼가게 될지도 모르므로, 이것은 실로 매우 한심한 문제가 아닐까 합니다. 따라서 선의 경우, 속히 그를 방면하셔서 조정의 공정한 태도를 밝히셔야 합니다.'

그러나 이러한 상소가 무사히 奏聞될 리 없었다. 과연 양명은 유근 등을 격노시켜 투옥됐다. 양명은 도마 위의 고기가 되어 언제 그들의 손에 죽을는지 알 수 없는 처지였으나, 그의 기상은 의연하여 이몽양 등과 같은 낭패한 꼴은 당하지 않았다. 결국 廷杖(임금 앞에서 곤장을 맞는 형벌)을 맞고 방면되었으나, 변방의 미개지인 貴州 龍場의 驛丞으로 좌천되었다. 그의 아버지 王華는 그때 禮部侍郎의 고위 관직에 있었으나, 간신들의 박해로 인하여 오로지 아들의 전도가 무탈하기를 바랄 뿐, 속수무책이었다.

그는 유형지나 다름없는 벽지에 쫓겨가게 되는데, 용장에 이르기까지의 역정은 한 토막의 기구한 이야깃거리로 전해지고 있다.

正德 2년, 36세 때 여름에 그는 드디어 서울을 떠나 杭州의 錢塘江 기슭에까지 이르렀다. 햇볕은 뜨거운데다가 더러운 옥에 유폐되어 정장까지 당한 뒤라서 그의 건강은 몹시 위독하였다. 그리하여 이곳에 있는 勝果寺에서 잠시 체재하며 요양하고 있었다. 유근은 그를 질시하여 자객을 보내어 죽이려 하였으므로 두 사람이 승과사에까지 쫓아왔으나, 양명은 화를 당할 줄 미리 알고 두건과 신을 강가에 버려 두어 물에 투신 자살한 척 꾸며 피신했다. 평소에 그를 사모하던 그 고장 사람 沈玉·段計가 양명의 탈출을 도왔다고 한다. 마침 아우 守文이 회시를 보러 항주에 왔다가 양명의 거짓 유서를 받았고 그 소식은 곧 세상에 퍼졌다. 모든 사람이 그의 죽음을 믿어 의심치 않았으나, 妹弟인 徐愛만은 그가 쉽게 자결할 위인이 아님을 알았다고 한다. 서애는 이때부터 양명을 스승으로 모시고 따랐다.

양명은 그곳에서 배를 얻어 타고 1주일 동안 물에 시달린 끝에 舟山島에 상륙하여, 그곳에서 다시 상선에 편승하였는데, 불행하게도 태풍을 만나 죽을 고비를 넘기고 이틀 만에 福建 경계 지역에 닿았다. 거기서 水上을 경비하는 순라군에 의해 일시 구류됐으나, 다시 탈출하여 인적없는 산길을 방황하게 되었다. 날이 저물어 지친 몸으로 겨우 어느 山寺를 찾았으나, 知客僧(절에서 오가는 손님을 안내하는 중)은 무정하게 그를 받아들이지 않았다. 할 수 없이 절문을 나와, 근처에 있는 낡은 사당을 찾아 들어가 香卓 아래 몸을 뉘었다. 병고에 시달린데다가 굶주림마저 겹쳐서 쓰러져 정신없이 잠들어 버렸다. 밤중이 되니 몇 마리 호랑이가 사당 주변에 모여들어 으르릉거렸지만 그것조차 모르고 잠들었다. 날이 밝자 절간의 중들은 틀림없이 간밤에 절문을 두드린 나그네가 古廟에서 자다가 호랑이 밥이 되었을 것이라 짐작하고 사당으로 찾아갔으나, 놀랍게도 나그네는 여전히 깊은 잠에 빠져 있는 게 아닌가. 몽매한 중들은 곧 그를 異人으로 믿어 절로 그를 모셔다가 정중히 대접했다. 그곳에서 양명은 전날 신혼 초야에 鐵柱宮에서 담론하던 도인을 만나게 되었다. 그는 도인에게 은둔할 뜻을 말했으나, 도인의 만류에 따라 武夷山을 넘어 廣信府를 거쳐 남경에 머물다가 용장으로 향하였다. 그가 절을 떠날 때 벽에다 이런 글을 써놓았다고 한다.

"險夷原不滯胸中 何異浮雲過太空 夜靜海濤三萬里 月明飛錫下天風."

(험준하고 평탄한 것이 원래 흉중에 있지 않거니,

어찌 뜬구름이 하늘을 지나는 것과 다르랴.
밤은 고요한데 바다 물결 3만 리
밝은 달빛에 錫杖을 날려 하늘에서 내리네.)

  그는 廣信을 지나면서 초췌한 몰골로 옛날에 뵈었던 누일재 선생을 방문하였다. 그는 여기서 잠시도 잊지 못하던 부친이 남경으로 이사한 것을 알고 곧장 가서 뵈었다. 거기서 얼마간 요양하게 되었는데, 서애와 冀元亨 등이 본격적으로 그를 사사한 것은 이때부터다. 한때 고난에 휩쓸려 좌절했다가 다시 용기를 얻어 드디어 그해 12월에 몇 사람의 종자를 거느리고 용장으로 향하였다.

  貴州는 중국 서남쪽 변방에 있는 미개한 산골 지방이다. 야만인들이 들끓는 卑濕한 곳이라서, 명나라 때 겨우 중국의 군현에 포함되었다. 그곳 주민은 거의 짐승과 다름없는 생활을 하는 혈거족이었는데, 희한하게도 中原에서 죄를 짓고 망명한 자들이 이곳에 살고 있었다.

  정덕 3년 양명이 37세 때 봄에 마침내 용장역에 도착하였는데 관사 따위가 따로 있을 까닭이 없었다. 더구나 폐를 앓기 시작했으므로 습기 있는 움집에서는 기거할 수 없었다. 그래서 한곳을 정하여 가시덤불을 끊어 헤쳐 天然의 울타리를 만들고, 그 안에다 움막 비슷한 작은 집을 지었는데, 풀로 지붕을 덮고 갈대로 벽을

엮었다. 집은 바람이 스며들고 비가 새는데다, 삼림 속에 저녁이 되면 사방에서 원숭이떼들이 모여 와서 밤새도록 소란을 부렸다. 또 얼마 뒤 노루, 돼지와 다름없는 그곳 토인들이 진기한 것을 구경이라고 하려는 듯 놀러 왔다. 그는 토인들을 모방하여 밭을 일구고 혹은 고사리를 캐어 먹기도 하였는데, 소박한 생활이지만 연명해 가니 그것으로 그만이었으나, 도리어 역정을 내는 것은 종자들이었다. 토인들은 그의 집을 모방하여 띠집을 지었고 그도 토인들의 손을 빌려 집을 늘렸다. 그리고 몇 개의 정자를 짓고 서당을 세워 '龍岡書院'이라고 이름을 붙였다. 그는 서원에 앉아 독서에 탐닉하고, 또 토인의 말을 배워 주민들의 자제들을 교육하기에도 힘을 기울였다. 순박한 토인들은 그의 인품에 감화받아 용강서원에 모여드는 젊은이들이 날로 늘어났다. 그 반면에 위엄을 업고 그를 모욕하려는 大府의 差人이 있었으나, 토인들은 저들이 師父처럼 모시는 양명이 학대받는 것을 보고 분개하여 차인을 집단 구타한 사실까지 있었다. 이에 상급 관청에서는 양명의 사죄로 사건을 마무리하려 했으나, 양명은 의연히 抗論하여 그곳의 수령을 도리어 부끄럽게 만들었다고 한다. 또 지방 토호인 宋家莊에 분란이 일어났을 때 宣撫使가 이를 선동하였는데, 그는 양명을 이 사건에 끌어들여 야심을 채우려 하였으나, 서슴없이 꾸짖어 물리친 일도 있었다 한다. 그

동안 어느덧 양명은 그 지방의 중심인물이 되었고, 이듬해에는 귀주의 提學副使 席元山이 貴院書院을 수리하고 이곳에 양명을 초빙하여, 여러 유생들을 거느리고 학문을 연구하게 하였으니, 인격이 주는 영향은 실로 위대하다 하겠다.

이와 같이 생활하는 가운데, 그는 놀라운 내적 혁명을 수행할 수 있었으며, 이런 의미에서 귀양살이는 그를 이중으로 약진시키는 기회를 주었다고 하겠다. 그가 처음 용장에 왔을 때에는 야만 미개한 풍토를 보고 병자로 오랫동안 견딜 수 없을 것 같았다. 그러나 남방의 詩的 정열과 몇 차례의 운명적인 고빗길을 벗어나고, 깊은 사색과 번뇌에 몰두했으므로 쉽사리 환경이 주는 고통을 이겨 낼 수 있었다.

이미 현세의 榮枯. 得失 따위에는 달관하였다. 그러나 끝내 타파할 수 없는 것은 생과 사의 문제였다. 마침 그때 오랜만에 고향에서 서신이 와서, 유근의 박해 때문에 부친이 관직을 물러날 수밖에 없었다는 사연을 알게 되었다. 그리하여 인욕과 도심에 대해서 깊이 궁구하게 되었고, 급기야 해답을 얻을 수 없게 되자, 마침내 자신의 철저하지 못했던 사색생활을 버렸다. 우선 거실 뒷면에 돌을 파서 관처럼 만들고, 여가가 있을 때마다 그 안에 들어가 단좌하고 죽을 각오로 사색의 악전고투를 계속했다. 밤낮으로 묵묵히 앉아 마음을 맑게 하고 생각을 참되게 하여, 專一하고 적막한 가운데 하나의 단서를 찾아보려고 노력하였다. 그러다가 하루는 밤중에 홀연히 격물치지의 본뜻을 크게 깨닫게 되어, 어찌나 유쾌한지 저도 모르게 환호성을 울려 자던 사람을 모두 놀라게 하였다.

여태껏 그가 고심한 것은 주관과 객관, 心과 物의 실상이었다. 그것은 나와 이 세계와의 관계이며 성인이 밝힌 것은 곧 이 세계와 나와의 일체라고 깨달았던 것이다. 육상산이 말한 것처럼, '우주는 나로부터 비롯되고 내 마음이 곧 천도이며, 초개인적 의식(곧 無極)의 창조물인 우주는 내 마음의 확대 발전으로 인식할 수 있다'는 것이다. 이로부터 발전된 그의 학리는 다음과 같이 〈전습록〉에 기록되어 있다.

"仙家는 虛를 말했다. 그렇다면 성인이라 하더라도 어찌 허 위에 터럭만큼이라도 實을 보탤 수 있겠는가. 佛氏는 無를 말했다. 그렇다면 성인이라 하더라도 어찌 무 위에 터럭만큼이라도 有를 보탤 수가 있겠는가. 선가에서 허를 말하는 것은 養生의 목적에서 나온 것이며, 佛氏가 무를 말하는 것은 삶과 죽음의 고해에서 빠져나오기 위한 것이다. 그러나 그것은 도리어 본체 위에다가 이러한 의사를 더한 것이므로, 곧 허와 무의 본색이 아니며 본체에 대해서는 장애가 된다.

성인은 오로지 良知의 본색을 그대로 따를 뿐, 그 밖에 어떠한 의사도 가하지 않는다. 양지의 허는 곧 하늘의 太虛요, 양지의 무는 곧 태허의 무형이다. 일월·風雷·산천·民物 등과 같이 모양과 형색을 지니고 있는 것들은 모두 태허의 무형 가운데 작용하고 유동하지만, 하늘의 장애가 되는 일이란 없었다. 성인은 오로지 이러한 양지의 작용에 따르므로, 천지 만물은 모두 나의 양지의 작용과 유동 속에 있게 된다. 어찌 一物인들 양지 바깥에 초연히 존재하면서 양지의 장애가 될 수 있겠는가."

이는 곧 物과 心은 하나 같아서 모두 동일한 작용을 이루고, 이리하여 천지 만물의 성립이 있게 되며, 하나의 활동적 통일 작용으로서의 양지란 바로 맹자의 양지 그것이다. 이른바 격물치지란 것은 이 양지의 발휘 의식이며, 이로 말미암아 비로소 무한한 생을 얻게 된다. 物과 心이 나뉘어서 각기 독립된 실재라는 주자학파의 주장이 오류임을 발견한 양명의 기쁨은 곧 그의 인격에 새로운 활력을 불어넣었고, 이리하여 이제까지 연구해 온 5경으로써 매우 새롭고 독특한 입장에서 그 정의를 대조 해석해 보았다. 對證하여 보니 들어맞지 않는 것이 없었고, 그 결과 그는 비로소 유명한 知行合一說의 제창을 시도하였다. 貴州書院에서의 일이었다.

변방의 숭고하고도 자유로운 양명의 생활과는 반대로, 중앙에서 권력을 專斷하던 유근은 심신이 하루도 한가할 겨를이 없었다. 그의 권세는 능히 안팎을 주름잡을 만하였으나, 요컨대 이는 형식적·물질적인 세력에 불과하였으며, 그것조차도 肥大한 張永의 세력과 대립되어 있었고, 게다가 자주 발호하는 지방의 流賊들 때문에 시종 위엄이 깎일 듯한 불안이 계속되었다. 이러한 가운데 그의 세력은 차츰 취약점이 드러났다. 정덕 5년, 양명이 용장으로 쫓겨간 지 4년째 되는 여름, 安化王 寘鐇이 유근을 배척하고 중앙 정부를 숙청한다는 구실을 내걸고 군사를 일으켰다. 이 내란은 그후 쉽게 진압되었으나, 이 사건이 반유근파인 장영 등에게는 절호의 기회가 되어 유근에 대한 탄핵 운동은 신속히 진행되었다. 武宗이 쉽게 움직이자 위세가 대단하던 유근도 하루아침에 멸족의 비운을 당하고 말았다. 이와 동시에 전날 유근에게 박해를 받았던 인사들은 일제히 중용되었다. 양명도 이로 인하여 곧 강서 廬陵의 知縣으로 영전하게 되었다. 앞서 그가 용장으로 갔을 때, 이르는 곳마다 機緣을 따라 학문을 말하였으므로, 돌아오는 길마다 그의 제자들이 도처에서 그를 영접하였다.

여름에 부임한 그는 재직한 지 겨우 반 년이 되었을 때, 縣의 개발에 영구적인 시정 방침을 수립하였다. 더구나 刑政에는 가정 재판의 방식으로써 민심에 지대한 도덕적 감화를 줬다. 그 해 겨울에 상경하여 다시 轉任의 명을 받았으나, 옛 친우 湛甘泉 등은 그가 상경한 기회를 잡아 학계를 발전시키려고 재상에게 청탁하여 그가 북경에 머물도록 만들었다. 그리하여 양명은 비로소 육상산의 학문을 강론하게 되었고, 그의 독창적인 견해로써 주자학을 억제하고 육상산을 찬양했다. 이때 方叔賢·黃綰·蔡宗을 비롯하여 많은 제자들을 얻었다. 祁州知事 서애도 임기가 끝나자 함께 상경하여 그의 門下에서 학업을 닦았다.

3 生의 躍進

정덕 7년 12월, 양명은 南京 馬政局의 차관격인 太僕寺 少卿으로 임명되었다. 그때 서애를 동반하였는데 그를 위하여 전혀 새로운 견지에서 〈大學〉을 강론했다. 오랫동안 개념적 사색에 편중하여 情意에 굶주려 온 그는 서애로 말미암아 비로소 비상한 감격과 희망을 얻었다. 〈전습록〉 상권에 기록되어 있는 사실이다. 그는 서애를 깊이 사랑하고, 서애는 양명의 매제로서 깊은 이해로 신복하였다. 그가 서애의 지혜와 총명과 순수한 바탕에 큰 희망을 걸었던 것도 이 때문이다. 부임하는 길에 서애 등의 제자들을 거느리고 여러 勝景을 거닐면서 내면적 학문을 담론하였다. 유유히 대자연 속에 노닐다가 고향인 餘姚로 돌아왔을 때, 동행에서 빠졌던 黃綰에게서 서신이 와 있었다. 양명은 그 회답에서 수행한 제자들이 자신의 강론에 완전히 자각하지 못한 것을, 마치 砂金을 일어내는 만큼이나 어려운 일에 비유하였다. 그때가 42세였다.

10월에 그는 安徽省 滁州에 부임했다. 제주는 歌陽修의 풍류를 연상시키는 산수가 아름다운 고장이다. 교통이 불편한 지방이므로 俗緣에 시달릴 일도 없었고, 게다가 閑織(馬政監督)이었으므로 그는 종일 제자들과 더불어 瑯瑘山과 瀇泉에 노닐었고 달 밝은 밤에는 龍潭에 들렀으니, 그의 주위에 둘러앉은 제자들의 수가 수백 명이요 노랫소리는 산골에 메아리쳤다. 양명은 되도록 추상적인 강론을 피하고 개개인에 대하여 그 체험을 논하기에 힘썼다. 한편 그의 默想과 사색도 더욱 깊어졌으며, 여기서 지은 〈龍潭夜坐〉라는 칠언율시는 유명하다.

사람을 사랑하는 데 仁厚한 그는 또 그만큼 자연을 사랑하여 자연의 생명력을 곧 인간에게서 발견하려 하였다. 그것은 곧 良知에 이르는, 양지에 합일하는 지선의 생활, 즉 眞과 善의 생활에 대한 갈망이기도 했다. 그는 제자들에게 절대로 엄격하지 않았다. 옛 조부 天敍가 그에게 하던 방법과 흡사했다. 언제나 산수간에 노닐면서 후학들의 자유로운 발전과 약진을 교도하는 그런 교육 방법이었다. 그러한 그의 사상은 만년에 지은 〈訓蒙大意〉 중의 禮樂論에도 잘 나타나 있다.

이처럼 그가 생의 약진, 개성의 발전, 진과 선의 생활에 역점을 둔 교육 방법을 시행함으로 해서, 나아가서는 그의 학파에 오랫동안 발랄한 생명력을 부여하는 원동력이 되어 훗날 많은 인재들을 배출시켰다. 제주에 재직하기 반년, 정덕 9년 4월에 그는 남경의 鴻臚寺卿(朝貢・來聘・儀禮 등 외국에 관한 사무를 다루는 직책)으로 영전하게 된다.

양명 선생이 남경으로 간다는 소식은 당장 瀋陽 사람들을 동요시켰다. 그들은 약속이라도 한 듯 운집하여 그의 행차를 전송하고, 烏衣江에 이르러 도강을 기다리는 등 법석을 떨었다. 그러나 이러한 거동이 양명에게는 달갑지 않은 일이었음에 틀림없다.

그가 남경에 도착한 것은 5월이었다. 서애도 함께 이곳에 전임되어, 다시 그를 중심으로 많은 제자들이 모여들었다. 이듬해 정월에 양명은 사직을 청했으나 허락되지 않았다. 당시 그는 44세였으나 아직 아들이 없었고, 守儉・守文・守章 등 아우들에게도 아들이 없었으므로, 아버지 용산공은 걱정 끝에 결국 8세 난 7촌 조카를 양명의 후계로 정했다.

양명이 관직을 물러날 뜻을 가지게 된 것은 年來의 持病에도 원인이 있다고 하겠으나, 그보다도 한층 더 깊은 학문의 세계로 침잠하기 위해서였다. 聖學을 선양하려는 억제할 수 없는 그의 의지는 제주 시절부터 인심에 지대한 영향을 주면서 비롯되었다고 할 수 있다. 그는 재래의 '책벌레' 같은 과시 공부나 공허한 개념적 사색의 유희, 생기 없는 외면적·형식적 도덕 등에 감연히 반대하고, 성인의 도는 먼저 깊이 내심에 침잠함으로써 얻을 수 있다고 역설하였다. 이러한 주장은 확실히 시대의 병폐를 해소시킨 것으로서, 도처에서 열렬한 공감을 야기시켰던 것이다. 그러나 그에 대한 비난과 공격 또한 없지 않았다. 자유분방한 방임주의적 교육 태도는 착실한 공부를 가볍게 여기고, 枯禪默照에 탐닉하는 풍습을 일반에게 침륜시켰던 것이다. 양명은 이러한 병폐를 분명히 인정하지 않을 수 없었다. 게다가 스스로의 신조를 당당하게 발표하고, 추호도 두려워하지 않을 정도의 自在와 인격의 충실을 충분히 소유하고 있지 못하였다. 그는 아직도 세간의 뜻에 따라 처세하는 자기의 안전이라는 문제를 염두에서 완전히 불식하여 근절시킬 수 없었다. 그 때문에 자신의 공부를 한층 심화시킬 필요성을 절실히 느끼게 되었다. 이러한 사실을 후에 薛侃·鄒守益 등이 모여, 스승에 대한 세간의 비난을 논란하였을 때 양명은 솔직히 시인한 바 있다.

이 당시 福建·江西·湖南 각 성의 남방에서부터 광

동에 이르는 지방에 내란이 심했다. 중앙의 정치는 먼 지방에 미치지 못하고, 백성을 진무하는 군대는 기강이 어지러워 백성에게는 폭도나 다름이 없었다. '폭력으로 폭력을 바꾼다' 함은 바로 이를 두고 한 말이다. 폭도의 세력이 창궐할 때 백성은 이중의 고통을 당하게 마련이다. 이때의 반란도 관군의 폭력에 대항하여 流賊들과 민중이 혼합되어 궐기하였다.

정덕 11년 겨울, 전부터 양명에 대해서 학자다운 면 이외에 확실히 軍의 장수가 될 만한 인물로서 기대를 걸고 있던 兵部尙書 王瓊은 이 기회에 양명을 임용하여 내란 지방을 순무시키기로 했다. 소년시절에 복파장군에게 사사했던 그에게 우연히 칼을 잡을 기회가 온 것이다.

10월에 양명은 일단 고향으로 돌아왔다가, 이듬해 1월에 강서의 南贛으로 갔다. 이 지방은 武夷山・大庾山・五嶺 등 惡山들이 첩첩이 솟아 천연의 요새를 이루고 있어, 유적이 소굴을 구축하는 데 입지 조건이 좋은 곳이므로 그만큼 토벌군의 고전이 예상되었다. 그 중에서도 복건의 汀・漳, 강서의 남공과 湖廣의 桂陽에 접하는 桶岡・橫水・廣東의 龍川에 접하는 浰頭의 적이 매우 강성했다.

양명은 도적들을 공격하기에 앞서, 먼저 폭도와 양민의 혼란을 가려 질서를 수습하기로 했다. 그리하여 남공에 도착하자 먼저 관청의 良民求恤 정책을 선전하고, 양민의 과격화를 방지함과 동시에 그들을 본래의 양민으로 돌아가도록 타일렀다. 한편 각 지방에 소위 '十家牌法'을 시행하여 10家戶를 한 조로 하는 자치체제를 만들어, 이들로 하여금 범죄에 대한 연대 책임을 지게 했다. 또 백성의 이동이나 출입을 엄격하게 하여 포악한 무리의 횡행을 방지하고, 따로 '諭俗四條'를 반포하여 각 가정에 도덕적인 반성을 촉구하였다. 그 다음에 필요한 것은 병제와 군율의 개혁이었다. 그는 관군의 퇴폐와 방자함에 실망하였고, 또 먼 거리의 토벌은 시간과 재물을 요하므로 새로 徵兵官을 각지에 파견, 각 주에서 의용병을 모집하여 훈련하는 한편, 隊伍의 편제와 군기의 엄숙에 대하여 비상한 배려를 했다. 이렇게 준비를 완료한 그는 빈틈없는 작전으로 우선 복건·漳南 일대의 폭도들을 무난히 소탕하자, 소문이 곧 다른 지방의 폭도들에게 전파되었다.

폭도들도 인간임에 틀림없다. 도덕적 정열가인 양명은 되도록이면 평화적인 방법으로 그들을 진정시킬 작정이었다. 전투에 앞서 폭도들에게 항복을 권유하는 글을 자주 내렸다. 그의 간곡하고 성의에 찬 문장이 얼마나 폭도들의 마음을 동요시켰는지는 알 수 없으나, 그에게 감복하여 귀순하는 자가 적지 않았다. 그리고 일단 전투를 개시하게 되면 그의 지략과 용맹은 뛰어났다. 선무와 공략을 거듭한 끝에, 그는 정덕 12년 1월부터 이듬해 3월 사이에, 그처럼 완강하던 호광·강서·복건 등 여러 省의 반도들을 완전히 소탕해 버렸다. 보통 武將이라면 단지 태풍이 한번 휘몰아치고 지나간 것처럼 반도를 멸하고, 또 그 지방도 큰 피해를 입는 것이 상례였으나, 양명에게는 반란을 진압하기보다는 반란의 원인을 제거하는 처방이 있었다. 곧 그가 지나간 곳에는 질서가 잡히고 산업이 보호되며 교육시설이 마련되었다. 또 그 자신도 陣中에 있으면서 조용히 제자와 더불어 학을 강하고 도를 논했다. 간밤의 聽講을 다시 확인하기 위하여 이튿날 아침에 진중으로 찾아가면, 스승은 이미 군사를 이끌고 떠난 뒤이기도 했다. 그의 폐환이 더욱 악화한 것은 이 무렵이었다.

병을 이유로 사직할 것을 청했으나 허락되지 않았다. 그러나 반란이 평정되었으므로 제자들과 침착하게 학문을 강론할 수 있었다. 귀양살이에서 풀리어 廬陵知縣으로 영전된 후 그는 곳곳에서 치적을 쌓아, 남경 刑部의 四川淸吏司 主事를 거쳐, 그 다음해 40세 때 1월에는 吏部로 옮겨 驗封淸吏司 주사로 있다가, 2월에는 會試의 考試官을 겸임하고, 10월에는 또 文選淸吏司 員外郎으로 승진되었다. 이르는 곳마다 그의 빛나는 吏治는 조정에 상달되었고, 뒤따르는 수많은 제자들로 인하여 명성은 더욱 높아갔다. 이때가 양명의 황금 시기였다고 할 수 있다. 학문으로나 관직으로나 바야흐로 약진이 개시된 시기였다. 이듬해 41세 때 3월에는 考功淸吏部郎中에 임명되었다가, 다시 南京 太僕寺 小卿으로 승진되었다. 그리하여 그의 정치적 능력은 크게 인정받다, 다시 45세 때에는 都察院 左僉都御史로 승진되어, 비적들이 들끓는 강서의 남공, 복건의 汀州와 漳州 지방을 모두 순무하여, 마침내 장군의 신분으로 젊은 시절의 기개를 마음껏 발휘할 수 있었다. 그 동안 폐결핵은 계속 악화일로의 상태였다. 사직을 원하게 된 동기는 학문의 연마에 깊이 침잠하기 위함이었겠으나, 당시 그는 육체를 좀먹는 지병에 어지간히 지쳤던 모양이다. 게다가 성학의 길을 추구하는 처지에서 보면, 입신 영달은 하나의 뜬구름에 지나지 않을 것이다. 양명의 관심사는 우주와 인간과의 관계를 탐하여 진리를 밟히는 데에 있을 뿐이요, 잡다한 인간의 속연은 오히려 거추장스러운 것이었다. 진중에 있을 때에도 그의 측근에는 언제나 제자들이 따라다녔다. 설간·歐陽德·楊仕德 등 20여 명은 항상 스승을 수행하며 강론을 들었다고 한다. 그들은 전장을 이동하면서도 나날이 새로워지는 학문의 성취와 새로운 체험을 통하여 깊이 〈대학〉의 本旨에 대하여 사색하고 추구했다.

　이보다 앞서, 양명이 일찍부터 기대를 건 서애는 병으로 남경의 兵部郎中의 벼슬을 내놓고, 고향인 여요로 돌아와 조용히 전원에 묻혀 요양하면서 스승의 개선을 기다리고 있었다. 그러나 불행히도 이 '王門의 顔回'도 요철하여 버려 오랫동안 함께 도를 즐길 수 없었다. 양명이 47세 때 서애는 31세로 죽었다. 서애의 죽음은 양명에게는 커다란 통한이었다. 서애는 왕문 제자들 가운데 두뇌의 명석함이나 천품과 인격에 있어서, 확실히 '공자의 안회'에 대한 기대에 버금가는 인물로서, 자주 스승을 대신하여 제자들에게 강론해 왔던 것이다. 그리하여 양명은 깊이 서애의 대성을 기원하였고, 그의 훈도에 특별히 유의하였었다. 이듬해 5월, 몇 사람의 제자들과 四明山에서 龍谿로 찾아 들어간 것도, 주로 서애와 黃綰을 생각한 때문이 아니었던가. 애제자의 요절이 그에게 커다란 상심을 주었음은 물론이다. 그후 서애의 이야기가 나올 때마다 그는 탄식해 마지 않았다고 한다.

8월이 되어 설간은 전에 서애가 스승과의 문답을 기록해 둔 〈전습록〉 1권과 그 서문 2편을 모아 陸澄과 협력하여 虔州에서 간행했다. 이 〈전습록〉의 간행에 앞서 양명은 유명한 '朱子晚年定論'을 냈다. 그의 명성은 갈수록 높아져서, 배우러 오는 제자들이 날마다 늘어났다. 그 해 9월에는 濂溪書院을 수리하고 이곳에서 학문을 강의했다. 다음 해 1월에 다시 사직을 청했으나 역시 허락되지 않았다.

정덕 40년 6월 초에 福州에서 叛軍이 일어나자, 6월 9일 다시 칙령을 받들고 반란군 진압에 나서서, 15일에 南昌府와 그리 멀지 않는 豐城縣에 이르렀다. 그는 그 이틀 전에 열리는 남창부 寧王(宸濠)의 축하연에 참석할 예정이었으나 사소한 사고로 기일에 늦어 버렸다. 그때 知縣인 顔伾이 황망히 그를 영접하고 영왕의 모반 사건을 보고했다.

당시 영왕(신호)은 황족이라는 위세로 방대한 지역을 다스리고 있었는데, 爲人이 매우 다재박학하고 풍류에도 능하였으나, 그릇이 작은 일개 재주꾼에 불과했다. 그런 까닭으로 도리어 제 분수에 넘치는 긍지로써 거만하게 왕위를 계승하자 그만 천자가 된 듯 우쭐거렸다. 지방의 유명 인사를 힘써 초치했는데, 개중에는 그의 방자함을 싫어하는 이들도 있었으나, 대개는 부귀를 탐하여 아부하게 되었다. 劉養正과 李士實 등도 그에게 심복하였으며, 도사 李自然 등은 그에게 천자의 골상을 가졌다고 妄言을 弄했다고 한다. 才人의 경박한 마음은 차츰 냉정한 반성을 잃게 되고, 또 무종의 荒亂·無度함을 기화로 야심을 품게 되었다. 그는 일세의 傲骨로 유명한 복고파 시인 이몽양까지 포섭하고, 계속해서 자신의 頌德表를 짓게 하여 사방에 퍼뜨렸다. 한편, 조정에 깊이 자기의 심복을 잠입시켜 대신들의 매수에도 힘썼다. 또 화재를 핑계로 성을 증축하고, 병부상서 陸院

을 포섭하여 일단 폐기되었던 호위병을 다시 王府에 두어 사졸들을 모집하여 훈련시켰다. 王瓊이 육완의 후임으로 병부상서가 되자 육완을 책망하고 寧王府의 호위병을 철거시키려 하였으나 영왕은 듣지 않았다. 然中에 鄱陽湖 근처에 도둑떼가 출몰하여 재물을 약탈한다는 소문이 파다하였는데, 이는 영왕의 사주로 인한 것이라는 풍문도 돌았다.

신호의 반란은 드디어 지방을 시끄럽게 했다. 양명은 당시 贛州에 있었는데, 이 소문을 듣고 신호의 생일을 하례하는 기회를 이용하여 제자들 중 冀元亨을 파견하여 넌지시 영왕의 실상을 탐지하게 하였다. 신호는 전부터 양명의 명성을 듣고 있었으므로, 그의 문인이 온 것을 크게 기뻐하여, 양명을 자기 수중으로 끌어들이는 기회로 삼고자 하였다. 그리하여 기원형을 환대하여 은근히 자신의 기밀을 끄집어 내며 한 도당으로 묶으려 하였으나, 기원형은 교묘하게 화제를 바꾸어 오로지 격물치지에 대한 진리를 강론할 뿐이었다. 신호는 마침내 참지 못하고 선비의 우유부단함을 조롱하며 그를 물리쳤다. 그에게 아첨하지 않는 자는 대개가 박해당하고, 또 의로운 관리가 있어 신호의 모반 사실을 조정에 통보하려면, 그것은 대개 신호에 의하여 도중에 차단당하거나, 또는 조정의 밀정과 신호의 측근들에 의하여 좌절당하여, 도리어 고발한 관리가 죽임을 당할 뿐이었다. 그러나 조정에도 병부상서인 왕경이나 그밖에 줏대 있는 신하가 있어서, 영왕 반역 음모는 마침내 조정을 긴장시켰다. 그 해 6월 초순에 드디어 조정으로부터 영왕을 힐문하기 위한 사자가 南昌으로 파견되었는데, 이러한 보고는 신속히 신호에게 전달되었다. 신호는 마침 자기의 생일(13일)에 이 달갑지 않은 소식을 들었다. 그의 신하들은 결연히 거사할 뜻을 권유했다. 과연 내빈의 하례가 끝나자 신호는 노대에 올라 엄숙히, 太后의 밀지에 의하여 스스로 국사를 관장한다는 뜻을 선언하였다. 내빈 중에는 明朝의 여러 有司들이 있었는데, 그들은 새삼 놀라고 낭패하여 개중에는 영왕의 불법을 힐책하는 사람들이 있었으나 그들이 참혹히 살육당하자 여러 관리들은 꼼짝하지 못했다. 양명이 남창에서 멀지 않은 豊城에 도착한 이튿날에 기원형으로부터 보고를 들었다.

양명은 예견하고 있던 일이라서 그다지 놀라거나 동요하는 기색이 없었다. 그러나 풍성은 남창의 속현이므로 지리적으로 반란군을 대응하기에 불리하였다. 그는 인마를 돌려 吉安府로 물리고, 19일에는 조정에 변보를 보내는 한편, 신호의 죄상을 포고하여 강서의 각 府縣에 동원령을 내렸다. 그리고 자신은 군사를 모아 吉安을 지키면서, 사람을 보내어 남창의 동정을 정찰하게 하였다. 그의 생각으로는, 신호가 만일 정예를 휘동하여 바로 북경을 공격해 온다면 천하의 대란이 될 것이며, 또 반대로 곧장 남경을 공략한다면 장강(양자강) 일대는 반란의 참화를 면하기 어려우리라는 것이었다. 그러나 단지 반란이 남창을 중심으로 전개된다면 그다지 두려워할 것이 없었다. 양명은 영왕 신호의 爲人을 고려해 볼 때, 천부의 지략이 있거나 백전의 경험을 지닌 인물이면 모르되, 그렇지 않고서는 쉽사리 북경이나 남경을 공격하지 못할 것이라고 확신했다. 겁 많고 용렬하며 그릇이 작은 사람은 좀체로 제 근거지를 떠나지 못하는 법이다. 설사 반란군이 대거 서울을 침공한다고 하여도, 객기가 왕성한 적의 예봉을 정면에서 맞아 공격하기란 아군에게는 불리하며, 군사의 사기를 처음부터 저하시키는 결과가 되는 것이다. 양명은 이런 점을 고려하여 지구전을 전개하기로 결심했다. 굳게 지키고 날짜를 끈다면 떳떳하지 못한 반군은 반드시 초조해질 것이며, 마침내 참지 못하고 먼저 공격을 감행할 것이다. 그 기회를 잡아 양명이 대거 공격을 가하여 남창을 압박하면, 신호는 낭패하여 주력을 그곳에 집결시킬 것이 분명했다. 그러면 관군은 사방을 포위하고 시일을 끌면서 반군을 섬멸하자는 심산이었다.

실제로 영왕의 謀臣이 된 李士實·劉養正 등은 양명이 생각한 대로 북경이나 남경의 공략을 주장하였으나, 신호는 관군을 두려워하여 남창을 근거로 割據하는 방략을 채택했다. 그리하여 겨우 몇 사람의 部將을 출진시켜 북방의 南康·九江 2府를 공략했을 뿐이었다. 그러는 한편 길안에 주둔하고 있는 양명에게 사자를 파견하여 어떻게든지 양명을 초치하려 하였으나, 사자들은 아무런 성과도 없이 번번이 쫓겨올 뿐이었다. 갖가지 회유책이 실패로 돌아가자 마침내 참을 수 없게 된 신호는 움직이기 시작했다. 사자들에게 길안의 관군이 움직이려는 기미가 없다는 소식을 보고받고, 우선 정면 충돌을 피하고자 스스로 수만의 군사를 이끌고 7월 2일 장강을 끼고 동쪽으로 출동, 강 연안의 여러 지방들을 점령하고 여세를 몰아 安徽의 安慶城에까지 이르렀다. 양명이 기병할 시기는 박두하였다. 당시 그의 문인 鄒守益은 그 지방의 도적들이 반군과 내응하는 기미가 있어 길안도 불안하다고 스승에게 경고하였다. 양명은 이 의견을 듣고 잠시 아무 말 없더니 곧 엄연히 말했다.

"설혹 천하가 모두 반군에게 가담한다고 해도 나로서는 이대로 물러설 수 없다."

이것은 바로 그의 양심의 소리였다. 그리고 이 말은 제자들의 흉중에 도사리고 있는 功利的 迷夢을 일소시켜 버렸다.

양명은 그의 가솔을 길안부의 관서에 체류하게 하고, 만일 적의 손에 욕을 당하게 된다면 불을 놓아 자결하라 하고 준비를 갖추어 놓았다. 드디어 7월 13일, 그는 병든 몸을 이끌고 남창으로 출발했다. 한편 영왕은 안경성을 포위, 공격한 지 열흘이 되었는데도 쉽사리 성을 함락시키지 못하자 내심 초조해 있었는데, 뜻밖에도 양명의 대군이 남창으로 대거 진격하였다는 보고에 접하자, 크게 놀라 측근의 간언도 뿌리치고 급거 군사를 돌렸다. 그는 완전히 양명의 계략에 빠져 버렸던 것이다. 그 사이 양명이 연출한 갖은 위계는 신묘하기 이를 데 없이 적중하지 않은 것이 없었으나 여기에 일일이 기록할 수는 없다. 그 당시에 길안부의 知府인 伍文定이나 臨江의 지부 戴德孺, 袁州의 徐璉, 贛州의 邢珣 등은 모두 양명을 도와 전공을 세운 사람들이다. 그들은 군사와 군비, 식량 등으로써 합세하였는데 양명의 인격을 흠모하여 잘 순응하였다.

양명의 관군은 18일에 풍성에 이르렀다. 여기에서 군사를 정돈하고 다시 이튿날 남창으로 떠났다. 선봉은 伍文定이었다. 양명은 19일 밤에 남창의 성문 밑에 이르렀다. 성문을 지키는 수비병은 많은 군사들이 밀려오는 것을 보고 혼비백산하여, 변변히 창끝을 겨누지도 못하고 뿔뿔이 흩어졌다. 그리하여 다음날 새벽까지 어렵지 않게 성을 함락시켰다. 양명은 영을 내려 군관이나 사졸 가운데 살육과 약탈한 자들은 죽이고, 위협에 굴복하여 따른 자들은 죄를 용서하였다. 그리고 백성을 위로하는 한편, 또 영을 내려서 '免死木牌'라는 것을 수

십만 장 만들도록 하였다. 장졸들은 모두 이상하게 생각하였으나 영을 받들어 목패를 만들어 바쳤다. 그런 다음 伍文定·徐璉·邢珣·戴德孺 등에게 각기 정병을 주어서 방략을 알린 다음, 출진하여 신호를 기다리게 하였다. 또 瑞州通判 胡堯元 등으로 하여금 사면에 疑兵을 만들어 따로 복병을 숨겨 두게 하였다. 드디어 신호는 남창을 바라보고 회군하다가 양군과 黃家渡에서 만나게 되었다. 오문정은 선봉으로 나아가 대적하다가 짐짓 쫓겨 퇴각하였다. 그러자 호요원의 복병이 나와 반란군의 허리를 공격하였다.

적도들은 원래 강제 징용이라서 저들의 근거지가 이미 관군에게 함락되어 패전의 위기에 처하자, 단번에 전의를 상실하고 사분오열되었다. 그리하여 강을 따라 도망하는데, 난데없이 물길을 따라 '免死木牌'가 떠내려 오지 않는가. 그들은 다투어 이것을 주워 달아나는데 그 수를 헤아릴 수 없었다. 적군이 쫓기는 것을 본 여러 장수들은 좌우 팔방으로 적을 협공하였다. 신호는 저항할 수 없이 八字腦에 물러가 주둔한 다음, 다시 전열을 정비하여 九江·南康에서 징발한 증원군을 모두 소집하였다. 다시 교전이 있어 한동안 양군은 일진일퇴를 거듭하다가, 마침내 영왕의 군사가 패주하기 시작하였다. 신호는 일단 군사를 물려 鄱陽湖畔에 진을 쳤다. 배를 연결하여 方陣을 만들고, 다시 군사들의 사기를 높이고자 금은보화를 내어 사졸을 호궤하였다. 그는 최후의 일전을 각오하고 있었던 것이다.

이튿날 새벽, 신호가 船上의 幕營에서 부장들의 朝謁을 받고 있는 중에 갑자기 관군이 기습해 들어갔다. 관군은 작은 배에 나무를 싣고 풍세를 이용하여 불을 질러 떠내려 보냈다. 영왕의 호위선에 불이 붙자 신호의 아내 婁氏는 물에 뛰어들어 자살했다. 부하 군졸들은 사방으로 흩어지고 다급해진 신호는 배를 저어 구명 도주하는데, 배가 얕은 여울에 걸려 더 나아가지 않았다. 창졸간에 피할 길이 없어 당황하고 있는데, 문득 갈대숲 속에 고깃배 한 척이 있는 것을 보고 소리를 질러 불러 탔다. 그러나 이는 양명의 영으로 미리 배치되었던 배였다. 신호는 허무하게 포로가 되어 양명의 軍中으로 압송되었다. 이어서 李士實·劉養正 등도 차례로 항복하여 모두 사로잡혔다. 이리하여 남강·구강을 착착 회복하여, 용병한 지 한 달이 채 못 되어 강서는 평정되었다.

양명은 會戰을 거듭하는 동안에도, 항상 2,3명의 문하생들과 군진 속에 들어앉아 의연히 학문을 강론하였다. 하루는 관군이 크게 불리하다는 첩보가 날아들었다. 제자들은 모두 놀라 당황하였으나 양명은 말없이 일어나, 군막 밖으로 나아가 첩병을 만나보고, 지시를 내린 다음 다시 들어와 강론을 계속하였다. 이번에는 관군이 대승하였다는 첩보가 날아들자 모두가 기뻐하여 환호하고 있는데, 양명은 역시 말없이 나아가 첩병을 만나보고는 다시 돌아와 강의를 계속하였다. 이와 같이 패할 때나 이길 때나 그의 거조에는 아무런 다른 빛이 없었다.

신호의 반란이 평정되기까지 조정에서는 여러 대신들이 모두 겁을 내어 갑론을박하였으나, 병부상서 王瓊만은 양명의 승리를 굳게 믿어 의심치 않았다. 신호가 기병하여 7월 26일에 포로가 되기까지 43일 동안의 반란은 끝나고, 7월 30일에 첩보는 신속하게 북경으로 날아들었다. 그러나 아직 양명의 이름으로 공식적인 捷書를 올리기 전이라서, 조정에서는 그의 공을 시기하는 무리들만이 왈가왈부할 뿐이고 별다른 조치가 없었다.

양명의 태도에는 여전히 아무런 변화도 찾아볼 수 없었다. 이 전투에서 그의 심기는 더욱 연마되고 임기응변하는 지혜가 더욱 충실해졌다고 하겠으나, 처음부터 마지막까지 사소한 흔들림도 문란함도 없었다. 그리하여 남창에 입성한 후에도, 그는 날마다 都察院에 앉아서 중문을 개방한 채 평온히 강론할 뿐이었다.

애초에 영왕의 반란으로 그를 탄핵하고 죄상을 널리 포고하여 각 요로에 토벌 명령을 내린 것은 일세의 硬骨 王瓊이었다. 다른 대신들, 특히 신호와 밀통한 자들은 쉽사리 입을 열 수가 없어 함구불언이었던 것이다.

게다가 武宗 황제는 荒亂한 성품이라 그의 측근들은 모두 嬖倖뿐이었다. 그 대표적 인물이 江彬·張忠·許泰 들이었다. 그래서 조정에서는 허태를 총독으로 삼고, 강빈·장충 및 張永 등을 딸려 征討大軍을 강서에 파견하기로 했다. 그런데 양명의 군사가 승리하였다는 첩보가 예상외로 일찍 날아왔으므로, 이들은 모두 '망건 쓰자 파장된' 꼴이 되었으니, 저들의 공명심은 허무하게 끝나 버린 셈이다. 게다가 그들 중에는 신호와 밀통한 자들도 있었으니 어찌하랴. 더구나 양명이 처음 풍성에 당도하여 신호의 반란 사건을 중앙에다 奏聞하였다. 그 글 속에 '神器(皇位)를 엿보는 자가 비단 영왕뿐이 아니옵니다. 간사하게 아첨하는 무리들도 내쫓아, 천하 호걸의 마음을 일변하게 하시옵소서' 하였으므로, 특히 황제의 측근에서 시종하는 무리들은 모두 양명을 꺼리고 두려워했다. 그러던 중 그들은 한 가지 계획을 궁리해 냈다. 그것은 곧 공식적인 첩보가 오기 전에, 武宗으로 하여금 친히 御駕를 몰아 출정하게 하자는 것이었다.

그리하여 황제에게 남국을 순무할 겸 유람하기를 권하였는데, 이러한 의견은 황제를 비상히 들뜨게 만들었다. 만일 사려 분별이 있고 백성을 생각하는 군신이었더라면 당시의 정황으로 보아 이러한 발상은 하지 않았을 것이다. 남방 일대는 거듭되는 병란과 천재로 백성은 피폐의 극에 이르러 있었다. 이런 가운데 천자가 親

征하게 되면 백성의 부담은 더욱 견디기 어려울 것이 아닌가. 그래서 뜻있는 조신들은 간절히 간하여 친정의 재고를 상주하였으나, 한번 들뜬 천자의 마음을 돌이킬 수 없었다.

한편 양명은 신호 등의 포로를 有司들에게 맡겨 서울로 호송시키는 것은 극히 위험한 일이라 생각하고, 8월 16일, 상소하여 친히 죄수들을 북경으로 호송할 것이라고 보고했다. 그런데 9월 11일, 남창을 떠나 常山의 草萍驛에 이르렀을 때, 의외에도 황제가 친히 출정하여 이미 徐淮 지방에까지 이르렀다는 풍문을 들었다. 그는 그 친정의 무모함에 놀라, 이렇게 된 이상 일각도 지체할 수 없이 포로를 바치고 천자의 귀경을 독촉해야겠다고 생각하고, 이튿날 새벽 어스름에 출발하여 길을 서둘렀다.

양명의 죄수 호송을 보고한 상소문은 천자에게 상달되었으나, 이를 받은 허태 등은 더욱 상상조차 할 수 없는 어리석은 생각을 하게 되었다. 그들은 다시 황제에게 밀소하여, 왕수인 등에게 密諭하여 신호 무리를 鄱陽湖에 풀어놓게 한 다음, 어가가 친정하여 이들을 생포하는 것이 옳다고 권하였다. 구실은 그럴듯 했다. 반적이 양명 등에게 잡혔으므로 천자 친정의 적당한 명분이 없어졌고, 이대로 귀경한다면 천하의 웃음거리가 되며, 강남 순유의 명목이 성립되지 않는다는 것이다.

그리하여 양명에게 신호를 인도하라는 사자를 파견하였다. 그러나 양명은 이를 거부하고 그대로 나와 항주에 도착했다.

허태·강빈·장충 등은 저들의 계획이 모조리 깨어짐으로써 더욱더 양명을 질시하였으며 초조하여 다시 무고하였다. 즉, 양명은 일찍부터 영왕과 機脈을 통한 자이다. 그 증거로는 그 문인 기원형을 파견하여 원병의 밀약까지 있었다. 그러나 중도에서 반란의 실패를 짐작하고는 드디어 영왕을 토벌하여 그 죄를 엄폐한 것이라고 했다. 그리하여 마침내 무도하게도 기원형을 체포하여 남경의 옥에서 고문을 자행했다. 당시 황제 친정군의 참모인 장영이 없었다면, 양명은 그가 거둔 공로 때문에 어떤 재앙을 받았을지 모른다. 전술한 바대로, 장영은 본래 8호의 한 사람이었으나 유근을 제거했기 때문에 천하의 칭송을 받고 직위도 허태·강빈·장충보다 높았다. 다행히 그는 평소부터 양명의 인물됨을 깊이 존경하고 있었으므로 힘써 그를 변호하였고, 자진하여 사건의 진상을 심사하겠다고 나섰다. 그리하여 그는 항주에서 양명을 만나, 허태 등의 무고 사실을 말하고 은인자중하라고 당부하니, 양명은 다음과 같이 말했다.

"서남의 백성들은 해마다 거듭되는 병란으로 고통을 당하고 있는 중에 요 몇 해 동안 한발을 당하고 피폐해 있습니다. 그 위에 친정군이 들어와 마구 財貨의 징발을 자행한다면, 그들은 견디다 못하여 도리어 내란을 일으킬지도 모릅니다."

장영은 그 말을 옳게 여겨 말했다.

"永의 이번 길도 천자를 보호하려 함입니다. 여러 가지 어려움을 모르는 바 아니로되, 황제의 뜻을 격발시키고 보면 수습할 수 없게 될지도 모릅니다."

양명은 장영의 충고에 깊이 감사하며 마침내 신호 등의 죄수를 그에게 인도하고 휴직원을 내어, 종자도 거느리지 않는 몸으로 혼자 서호의 淨慈寺에서 병을 요양하고 있었다.

장영은 돌아가서 양명의 고충을 자세히 황제에게 고하고 강서의 정황을 설명하였다. 그리고 국가의 안위를 위해서는 양명의 휴직을 윤허해서는 안 된다고 간절히 청하였다. 그리하여 양명에게는 다시 남창 순무의 명이 내려져, 그는 마침내 병든 몸을 이끌고 남창으로 부임한다.

그러나 망동하지 않고는 견디지 못하는 허태 등은 다시 이 시기에 영왕의 잔당들을 색출하여 天威를 선양한다는 구실을 내세워, 勅命을 받아 군사를 이끌고 남창으로 왔다. 그들의 행패는 과연 양명이 우려하던 그대로였다. 절도가 없고 규율이 서지 않은 군병은 함부로 민가에 숙박하고 거리를 횡행하며, 잔당을 수색한답시고 도처에서 양민을 괴롭혔다. 그리고 양명의 부장이나 사졸을 만나면 고의로 충돌을 일으켜 모함하려 하고, 방약무인한 언동으로 함부로 욕하고 조롱하였다.

양명은 조용히 방관하며 저들을 무마시켰다. 젊은이들은 미리 시골로 피신시키고 가급적 노인들에게 집을 지키게 하며, 도리어 서울에서 온 군대를 위로하게 하였다. 병든 자에게는 약을 보내고, 喪家에는 관을 마련해 주기도 했다. 동시에 신호의 난으로 희생당한 백성들에게는 추도하는 제사를 지내게 했다. 백성들의 곡성은 친정군의 마음에 차츰 향수를 느끼게 하고, 양명의 조처에 차츰 감동한 군사들은 그를 칭송하여 '王都堂(都堂은 '巡撫都御史'의 존칭)은 우리 군사까지 아껴 준다' 하였다.

허태·장충·강빈 등은 온갖 방법을 다하여 양명을 모함하려 하였으나, 도무지 단서가 없으므로 마침내는 엉뚱한 트집까지 들고 나왔다. 寧王府의 富는 천하에서 으뜸이라고 하는데, 그 많은 재화를 모두 어디로 빼돌렸느냐는 것이었다.

양명이 말했다.

"신호가 군사를 일으키기 전에, 모반의 성공을 위하여 조정의 요로에 뇌물을 주어 내응할 것을 약속하느라고 전부 쓴 줄로 알고 있소. 그 증거를 알아보기는 어렵지 않소."

허태·장충은 뇌물을 먹은 자라서, 양명의 한마디에

감히 대꾸를 하지 못하였다. 그들은 또 양명이 문사임을 알고, 그의 기개를 꺾어 볼 셈으로 활쏘기를 청하였다. 양명은 몇 번이나 사양하다가 마지못해서 활을 들어 세 번 쏘았다. 화살 세 개가 모두 표적에 명중하자, 허태 무리들의 군사가 도리어 환호를 질렀다 하니, 그들이 낭패한 꼴이 되었음은 말할 나위도 없다.

동지절이 되어 난으로 식솔을 잃은 민가마다 제사를 지내니, 슬픈 호곡 소리가 남창성 중에 가득하였다. 멀리 서울에서 출정한 군사들은 모두 집을 떠난 지 오래여서 향수에 젖어 돌아가기를 원하였다. 허태 등도 아무런 공로없이 양명을 죄에 빠뜨릴 궁리만 하다가, 그것도 여의치 않게 되자 도리어 저절로 불안하게 되었다. 그리하여 저들은 죄없는 백성들을 잡아다가 반도들을 색출한다는 구실로 한바탕 두들겨 패고는 마침내 남창에서 철수하였다. 한 차례 폭풍이 휩쓸고 지나간 듯하였다.

이때 황제는 淮陽으로부터 京口에 와 있었다. 저들은 여기서 황제를 알현하고 자랑스러운 얼굴로 逆徒의 소탕을 복명하고, 드디어 어가를 옹위하여 남창으로 들어갔다.

정덕 15년의 일이다. 장충·허태 등은 武宗을 뵙고, 紀功給事中(공로를 다루는 관직)과 御史 章綸이 함께 양명을 참소하고 헐뜯고, 또 강빈이 황제의 측근이므로 그를 충동질하여 황제에게 반역을 무고하였다. 그들은 황제의 勅旨를 위조하여 양명을 불렀으나, 그때마다 장영이 내용을 비밀히 통보하여 보냈으므로 움직이지 않았다. 그것은 곧 양명을 관직에서 이탈시킴으로써 그 죄를 탄핵하려 함이었다.

이러한 계교가 無爲로 끝나자 그들은 다시 함정을 만들었다. 황제를 속여, 오늘날의 천하는 매우 태평한데 오직 강서에 있는 왕수인의 거취가 매우 불안하다. 그는 병마의 대권을 쥐고 있고, 깊이 인심에 뿌리 박고 있으므로 자칫하면 모반할 우려가 있다. 시험삼아 그를 불러 보라. 반드시 오지 않을 것이라고 하였다.

양명은 소환을 명하는 조칙을 받고 망설이다가, 다시 장영으로부터 통보를 받고 그날로 남창을 출발하여, 며칠 뒤 남경의 서남에 있는 蕪湖에 도착했다.

이 소식은 곧 장충·허태 등에게 통보되었다. 그들은 의외의 일에 놀라고 저들의 음모가 탄로될까 두려워하였다. 그래서 이번에는 거짓 명령을 보내어 양명의 입경을 저지하였다. 이 때문에 양명은 무호에서 헛되이 보름 동안을 지냈다. 그는 뜬세상의 인정에 대하여 허무를 느끼고, 영원히 속세를 등지고 싶다는 말을 제자들에게 한 일이 있었다. 여기서 그는 속세의 먼지를 털고, 유유히 九華山으로 들어가 草庵 속에 정좌하였다. 구화산에는 거의 20년 전에 그가 刑部의 微官으로 있을 당시 노닐던 추억의 化城寺가 있었다. 절로 찾아가 경내를 둘러보고 地藏洞으로 가서 당시의 도사를 추억했다. 이때도 동굴 속에 3년 동안 枯坐하고 있다는 중이 있었지만, 이제 세간의 지리멸렬한 생활을 체험한 그는 32세의 그때처럼 그 중을 상대로 일갈하여 속연으로 돌아가게 할 생각도 없었다. 그도 깊이 느끼는 바가 있었던 것이다.

이때 허태 등은 왕수인이 무호에까지 오고는 입경하지 않는다고 다시 무고했으나, 역시 장영이 실정을 상주하였고, 또 무종도 사람을 보내어 탐문해 보고는 양명의 충직을 인정하였다. 그리하여 재차 조칙이 내려와 양명은 2월에 남창의 임지로 돌아갔다.

봄이 되었는데도 황제의 수레는 의연히 환어할 조짐이 없었다. 군사의 숙식이나 징발 때문에 민간의 불평으로 골목마다 시끄러웠다. 게다가 4월에는 강서에 홍수가 져서 전답과 가옥의 피해가 막심했다. 양명은 상소하여 사직을 청하고 백성의 참상을 보고하여, 그 책임을 자신의 부덕으로 돌려 암암리에 황제의 마음을 움직이려고 하였다. 그러나 무종은 여전히 그의 進言에도 깨침이 없었고 군사의 행패는 여전했다. 또 그의 사직도 윤허하지 않았다.

6월이 되자 양명은 贛州로 가서 군사들에게 교련을 실시하였다. 그때 강빈은 사람을 시켜 양명의 동정을 탐지시켰는데, 때가 때인 만큼 양명의 문인들은 걱정하여 스승에게 조심하고 근신하기를 청하였으나 그는 조금도 두려워하지 않았다. 그는 이미 인간의 어떠한 박해에도 초연할 수 있는 경지에 이르렀던 것이다.

7월이 되어도 황제의 친정군은 여전히 남경을 떠날 움직임이 보이지 않았다. 양명의 심경은 하늘 높이 날아가는 새와 같이 자유자재함에 비하여, 마음이 끝까지 진흙 속에서 헤어나지 못하는 간신 무리들은 대수롭지 않는 공명에 눈이 어두워 어떻게 해서든지 신호들의 포로를 저들의 공명의 도구로 만들려고 획책했다. 그러나 장영은 신호 등의 포로를 양명이 친히 호송하여 항주에서 자신에게 인도한 일은 세상이 다 아는 사실이라고 그들을 공박했다. 결국 칙령에 의하여 다시 捷書를 올리게 되고, 양명은 상주문을 고쳐 모든 공로가 황제의 친정에 있다 하여, 武威大將軍(武宗이 자칭한 官號)의 방략을 받들어 마침내 叛徒를 토벌하여 평정하였다 하였다. 게다가 강빈·장충·허태 등의 이름을 일컬어 공훈을 돌리자, 비로소 저들을 만족시킬 수 있었다.

그해 12월에 드디어 신호 등은 죽임을 당하고, 마침내 황제도 북경으로 돌아왔다.

그 동안 간신의 무리들 때문에 무고하게 투옥되어 끝까지 스승의 결백을 주장하면서 고문에 시달린 사람은 기원형이었다. 양명은 애제자의 무고한 희생을 가슴 아프게 생각하여 백방으로 구명 운동을 벌였으나 여의치 못하였다. 기원형은 얼마 아니되어, 世宗의 즉위와 함께 석방될 날을 눈앞에 두고 병으로 허무하게 옥중에서 죽었다.

그해 9월 양명은 남창으로 돌아와, 이곳에서 이듬해 50세 되는 봄을 맞이한다.

4 인격의 완성

양명 왕수인은 50년의 생애를 지나오는 동안 옥중에서 고통을 당하기도 하고 또 죽음의 고비를 넘나들며 변방의 蠻地에서 사색의 악전고투를 경험하였다. 또 병들어 허약한 몸을 이끌고 전장에 나아가 정토에 참가하기도 하였고, 인간의 예측할 수 없는 음모와 악랄한 저주의 대상으로서 보이지 않는 모해를 받았다. 이들 심각한 인간의 실상을 경험하고 꿋꿋이 물리친 결과, 그는 비로소 자신의 내면적 요구에 따라서 아무런 장애도 받지 않는 순진무구한 자유인의 정신 생활을 확립하게 되었다. 이러한 인격적 수양은 바로 그가 이후에 致良知의 학설을 제창하게 된 단서가 되었다.

정덕 16년 봄, 황란한 천자 무종은 북경에서 붕어했다. 뒤를 이어 세종 황제가 즉위하자, 이제까지 큰 나무에 매달려 허망한 영화에 묻혀 있던 간신 무리들은 하루 아침에 바람에 떨어져 진흙 구덩이에 짓이겨져 버렸다. 세종은 潛邸에 있을 때부터 깊이 양명의 공적을 알고 있었으므로, 즉위한 뒤 곧 그를 불러들여 중용하려 하였으나, 대신 楊廷和 등이 그의 공적을 꺼리어 저지하므로 남경 병부상서 자리가 주어졌다. 그리고 오랜만에 휴가를 얻어 老父가 사는 향리로 돌아올 수 있었다. 그때 조부 天叙는 세상을 떠나고 없었다.

영전하기 전에 그는 남경 지방의 문인들로부터 청을 받고 저 유명한 白鹿洞學舍에서 강의를 열었다. 그는 주자에 비해 육상산이 전개한 학문이 빛을 보지 못하는 것을 유감으로 생각하여 스스로 앞선하여 상산의 자손을 표창하였다.

이 해 12월, 그는 다시 공적에 의하여 光祿大夫柱國世襲新建伯으로 봉하여지고, 歲祿 천 석을 세습하게 하였으나, 불치병 때문에 절실히 자유로운 산수의 생활을 갈망한 그에게 있어서는 封爵이나 食邑도 번거로운 굴레일 뿐이었다. 게다가 조정에서는 鐵券(공신에게 나누어 주던 훈공을 기록한 책)도 안 나오고 세록도 지급되지 않았다. 또한 함께 공을 세운 여러 신하들에 대해서도, 伍文定을 제외하고는 한 사람도 승진하지 못했다. 그는 이를 못내 섭섭하게 생각하여 이듬해 嘉靖 원년 1월 20일에 상소하여 간절히 자신의 봉작을 사양했다. 그 대신 여러 사람들의 공적을 높여 그들에게 恩典을 내려 줄 것을 호소하였으나 받아들여지지 않았다. 또 이 해 2월, 그의 부친 용산공이 77세로 서거했다. 양명의 병이 위독해지자 조정에서는 特旨로써 용산공 및 조부 竹軒公에게 다 같이 新建伯을 증직했다.

양명은 그 이후로부터 죽기까지 몇 년 동안 순수한 자연인으로서 강학의 최융성기로 들어선다. 가슴을 침식하는 폐결핵과 모든 시련을 극복한 결과, 자세는 더욱 맑아지고 순수한 신기는 더욱 빛났다. 제자 전덕홍이 기록한 바에 의하면, 가정 2년(1523) 이후로 양명을 사모하여 따르는 자들은 무수하고 날마다 증가하여, 그의 서원은 마치 구름이나 물이 몰려오는 큰 道場과 같았다. 교실마다 합숙자들이 수십 명씩 되는가 하면, 밤에는 한꺼번에 잘 수 없으므로 교대로 잠잘 때도 있었다고 한다. 따라서 밤낮으로 시를 외고 책을 읽는 소리가 그치지 않았다. 강의를 시작하면 양명의 전후좌우에 청강생들이 항상 수백 명이었고, 종강하여 졸업할 때에는 모두 크게 깨쳐 환희작약하는 사람도 있었다 한다. 학도들은 고심하던 인생 문제를 속시원히 해결하고, 여요의 아름다운 풍경을 소요하며 마음껏 즐겼다. 희한한 천재적 자질을 가지고 있으면서도 호방한 성격 때문에 도덕적 지성을 상실하여 괴로워하던 南大吉은 양명에 의하여 깊은 수련을 쌓을 수 있었고, 海寧의 유명한 시인 董蘿石도 68세의 고령으로 會稽에 왔다가, 양명의 강의를 듣고 크게 감동하여 그의 제자가 되었다.

양명은 생명을 사랑하고 자유를 존중하였다. 그래서 그의 교육을 받은 제자들은 자연히 官學者流와 같이 문자의 주석에 빠지거나 형식적인 도덕 관념에 얽매이거나, 물욕의 노예가 된 무리들에 비하여 모두 규모가 크고 생명력이 있었다. 공자의 말을 빌린다면 狂簡(이상은 크나 실천함이 없이 소홀하고 거칢)이라고 할까. 그러나 규모가 크므로 이와 맞먹는 내면적 충실이 있어야 하는 것이다. 생명의 약동에는 이에 따른 진로를 열어 주어야 하니, 그렇게 하지 않으면 자칫 공허에 빠지거나 放逸로 내달리기가 쉽다. 왕문의 제자들에게는 언제나 이러한 두 가지 폐단이 있었다. 양명의 반대파는 항상 이 점을 공격하였으므로, 양명은 기회 있을 때마다 제자들에게 자기 성찰에 대한 강의를 잊지 않았다.

이듬해 가정 4년 1월, 그는 부인 諸氏와 사별하고 새로 張氏를 후실로 맞이한다. 그리고 그 해 10월 문인들은 회계땅에 陽明書院을 건립하였다. 그의 학문은 이제 지방에까지 깊은 감화를 끼쳐, 稽山書院, 龍天寺의 中天閣, 安福의 惜陰會 등이 이루어졌다.

가정 6년 5월, 다시 廣西에 반란이 일어나 병중의 철인을 번거롭게 하였다. 원래 광서는 중국 남방의 변경인데, 雲南·貴州·交趾·광동 등의 여러 만족과 연결되어 있어 유적의 발호가 계속되었다. 그러나 지리적으로 어둡고 교통이 불편한데다 험준한 지세를 의지하고 산채를 구축하여 사납게 날뛰기 때문에, 지금까지 여러 번 토벌을 기도하였으나 오직 군사를 괴롭게 할 뿐, 좀체로 시원한 결말을 보지 못하였다. 그래서 당시 이 지방에는 도둑들을 막는 수비대의 망루가 있었는데, 이것이 튼튼하고 경비가 철저했더라면 지방의 도둑들을 그런대로 막아 낼 수 있었을 것이다. 그러나 그곳을 수비하는 隊長이나 사졸들이 워낙 무능하여, 경보가 울릴 때마다 그 지방의 토인들을 징발하지 않을 수 없었다. 따라서 토인들 중에 차츰 실력자가 나타나서 병력을 이끌었다. 그런데도 도둑을 방비할 때마다 그 공로는 무위·무력한 관리들에게로 돌아가 버리고, 실제로 죽음을 무릅쓰고 싸운 토인들에게는 아무런 보상이 없었으니, 토인들의 추장과 관리들 간에 알력이 생길 것은 당연한 일이었다. 가정 연간에 처음 田州에서 岑猛이 폭동을 일으켜 체포되었는데, 그 여파가 흘러 盧蘇·王受 등이 봉기하였다. 이들은 비상한 세력으로 思州·전주를 공략하므로, 提督 姚鏌이 4省의 병력으로써 반란군을 토벌했으나, 저들의 타오르는 불길은 좀체로 억누를 수 없었다. 이 때문에 요막은 탄핵을 받았고, 조정의 의론은 양명을 정토총독으로 임명하자는 데 모아졌다.

그러나 이때 양명의 폐결핵은 더욱 중해져서, 다시 전장에 나서기란 견디기 어려운 고통이었다. 그는 병세를 호소하여, '병이 오래 쌓여 열이 오르고 기침은 날로 심하여, 한번 기침을 할 때마다 기절하며, 오랜 시간이 지난 뒤에야 겨우 소생한다'고 기술하고 있다. 가정 6년 6월 6일, 思·田 정토의 임명을 받은 양명은 곧바로 사퇴하는 소를 올렸다. 이런 大任을 사양함은 실로 괴로운 일이지만, 자기는 지금 심한 폐병 때문에 만일 억지로 정토에 종사하다가, 병으로 인하여 도리어 일을 그르칠까 두렵다. 뿐만 아니라 이번 반란은 침략적 야심에서 생긴 것이 아니라, 토인들과 관리들의 알력 때문에 발생한 병란에 불과하므로, 적당히 처리하면 의외로 쉽게 진압시킬 수도 있을 것이다. 요막은 본래 노련한 인물인데, 한때의 실패는 兵家의 常事가 아닌가. 그러므로 그에게 다시 병권을 주어 임무를 맡기고, 이번에도 전과를 올리지 못하면 그때 다시 적당한 인재를 골라 파견하는 것이 옳을 것이라고 진언했다. 그러나 조정의 의론은 如一하여 할 수 없이 출정해야만 했다.

9월 8일, 그가 思·田 정토의 길에 오른다는 풍문이 나돌자, 이날 작별 인사를 하러 오는 손님으로 아침부터 저녁까지 문전 성시를 이루었다. 밤이 되자 애제자인 王龍溪(汝中)와 錢緖山(德洪)이 뜰에 서서 손님들이 돌아가기를 기다리고 있었다. 그들은 이날 동문인 張浮峰(元沖)을 방문하여 서로 양명학의 근본 의의를 토론했던 것이다.

학문의 요체는 필경 자유스러운 인격의 실현에 있다. 다만 전서산의 견해에 의하면, 우리들 마음의 본체는 善도 없고 惡도 없는 초개인적인 부단한 활동이며, 그것이 각자의 욕구가 되어 드러날 경우에는 선악으로 나타난다는 것이다. 즉, 모든 인간에게 내심의 절대 지상 명령, 곧 天命을 따르는 것이 선이고 이에 반하는 것이 악이다. 사람은 이 명령을 따라 부단히 선을 추구하고 악을 제거해 나가야 한다―이것이 전서산의 주장이었다.

그러나 이렇게 해서는 인간의 도덕적 생활이 대단히 불편하다. 왕용계의 의견에 의하면, 스승의 학설은 그렇게 狹隘한 것이 아니며, 전서산의 견해는 요컨대 오로지 스승의 학설은 하나의 방편임을 알아야 한다. 원래가 인간의 욕구에 선악이 있는 것은 아니다. 욕구는 본래 마음의 본체의 발현이므로, 이미 본체가 선도 없고 악도 없는 이상, 역시 욕구도 무선・무악이라고 보아야 한다. 인간생활은 진실로 선악의 쟁투가 아니고 자연의 도를 추구하는 데 있다고 하였다.

이러한 의견은 전서산의 입장에서 생각하면 대단히 비현실적이며 위험하게 보였다. 그래서 한쪽은 실제적 사고의 입장이었고, 또 용계는 철학적 확신을 가지고 서로 주장을 맞세우며 양보하려 하지 않아 결국은 스승의 말씀을 기다리기로 하였다.

밤이 되어 손들은 돌아갔다. 겨우 방으로 들어가 휴

식하려던 양명은 두 제자가 기다리고 있다는 말을 듣고 뜰로 내려왔다. 그리하여 그들과 더불어 天泉橋로 걸음을 옮기면서, 조용히 밤의 대기 아래에서 깊은 인생의 진리를 논하였다. 출정의 전야임에도 불구하고 이같이 유유한 자세를 지니고 있었으니, 범인으로서는 생각조차 할 수 없는 일이다. 여기에서 논한 문제는 앞에 인용하였다.

이튿날, 양명은 錢德洪과 王汝中 등을 거느리고 越의 회계를 떠났다. 이때는 양명의 과거 공적을 시비하는 사람이 있어서, 지난날 사양했던 세록과 철권도 나왔고, 신호의 난 당시 여러 신하들에게도 그들의 공로를 인정하는 恩典이 내려졌다. 양명은 남경 병부상서에 左都御史를 겸하게 됐다. 그는 지난날 신호 등의 죄수를 호송했던 추억의 錢塘江을 건너 吳山의 月巖을 거쳐 釣臺를 타고 서안에 이르렀다. 비가 쏟아지는 가운데 여러 유생들의 마중을 받고, 다시 廣信府에서 배에 올라 南浦에 닿았다. 이 지방은 그가 영왕의 반란을 평정하고, 민력의 회복에 노력한 연고가 있어 양명의 위대한 학덕은 민중들이 모두 우러러보는 바였다. 그래서 옛 王都堂이 온다는 소문은 순식간에 이 지방 백성들의 마음을 들뜨게 만들었다. 그가 아침에 도착하자 연도에는 수많은 백성이 출영하여 인산인해를 이루어 관청 둘레까지 길게 도열하고 있었다. 군중들은 열광하여 사방에서 그의 수레를 에워싸고 청사까지 모셔 행진하였다. 양명은 가마에서 내려 친히 노인들을 접견하고, 쇄도하는 군중들을 동문으로 들어와 서문으로 나가게 하였다. 그러나 그들은 일단 서문으로 나갔다가, 다시 돌아와 동문으로 들어오는 사람들이 많았으므로 혼잡은 오후까지 계속됐다.

이튿날 그는 공자묘에 참배하고 강당에서 〈대학〉을 강론했다. 강당에는 입추의 여지도 없이 군중들로 들이차고, 어쩌다가 늦게 도착한 사람은 강당 밖에서 발돋움을 하면서 그의 강의에 귀를 기울였다 한다. 수없이 많은 시련을 이기고 孤高한 인격적 완성에 도달한 그의 빛나는 神采와, 오랜 투병 생활에서 오는 맑은 기상, 그리고 명석한 변설은 청중들에게 무한한 감동을 주었다. 일찍이 그의 학문에 의문을 품고 있었던 唐堯臣도 이때 비로소 양명의 강론을 듣고 크게 감동하여 이렇게 말했다 한다.

'3대 이래로 이처럼 훌륭한 기상은 일찍이 없었다.'

거기서부터 그는 영왕의 반란 때 스스로 의병을 일으켰던 길안으로 들어가, 螺天驛頭에서 출영하는 3백여 명의 유생들을 앞에 두고 서서 열렬히 修養論을 제창하였다. 11월 18일에는 광동 서강 연안의 肇慶을 지나,

20일에 광서의 경계인 梧州에 도착하여 이곳을 근거지로 하여 정착했다.

사주·전주의 반란은 이미 2년이 넘게 많은 군사를 주둔시킴으로 해서 막대한 비용을 허비하였으며, 설상가상으로 그 동안 악질이 유행하여 병졸들 중에 사망자가 속출했다. 게다가 변방의 장기 생활을 견디지 못해 도망하는 자도 잇달았는데, 이들을 체포하는 대로 참살해도 아무 소용 없었다. 또 백성은 백성대로 잦은 사역과 징발 때문에 생업이 곤란해서 이산하게 되어 유적의 무리에 가담하므로 지방의 혼란은 말이 아니었다.

내란의 원인은 원래 수비병과 토인들 간의 알력 때문에 일어났는데, 그것이 盧蘇·王受 등의 반란으로 번진 것이었다. 이는 근본적으로 관리가 나빴다. 게다가 이 지방은 중앙에서 멀리 떨어진 변경이라서 행정력이 미치지 못하였으므로, 되도록이면 관아에서 그들을 위무하여 자치 구역으로 만드는 것이 바람직했다.

양명은 이에 대하여 다음과 같이 상소하였다.

"사주·전주에 조정에서 보내는 流官(고정된 세습 관리가 아닌 파견관)을 두지 않았을 때에는, 토인의 추장이 해마다 3천 병력을 동원시켜 官府의 조치를 기다렸는데, 유관을 둔 뒤로는 조정에서 해마다 수천의 군사를 보내어 방비해야 하니, 이로 미뤄 보더라도 유관의

무익함을 알 수 있습니다. 또 이곳은 交趾(하노이 지방의 옛 명칭)와 가깝고, 심산 계곡을 모두 猺族(중국 서남지방 蠻族)이 넓게 근거지로 삼고 있으니, 꼭 이전대로 토인에게 벼슬을 인정해 주어야 그 병력을 방비로 삼을 수 있을 것입니다. 만일 土官을 고쳐 유관으로 삼는다면, 부질없이 변방을 소란하게 하여 이중의 위험이 따를 것이니, 반드시 후회를 초래할 것입니다."

그러고는 현재 관군이 출동한 이유는 오로지 두 사람의 추장을 토벌하기 위한 것이며, 섣불리 벌집을 건드려 소동을 격발시켜서는 안 된다고 하였다. 이에 덧붙여 자진 철병하기를 건의하였다. 12월의 일이었다.

양명의 혜안은 과연 사건의 핵심을 명백하게 통찰하고 있었다. 오랫동안의 난리로 관민은 다같이 평화를 갈망하였고, 관군은 단지 군율에 묶여 명목뿐인 정토에 종사하고 있는 형편이었다. 게다가 반란군은 형벌과 살육이 두려워 자포자기로 항거를 계속하고 있는 실정이었다. 이 시기에 철군을 단행하고 동시에 관대한 조건으로 반도들을 초치한다면 반란은 저절로 진압될 것이었다.

상소는 황제로부터 다시 兵部로 돌려지고, 尙書 王時中은 그렇게 하는 것은 온당치 못하다고 다섯 가지 조목을 열거하여 반대하니, 世宗은 다시 양명을 불러 의논하라고 명하였다. 양명은 곧 潯州에 이르러 巡按御史

石定을 만나 회합하고 반적을 招撫할 계획을 결정하였다. 이리하여 양명은 징집한 수만의 병력을 모두 해산하여 돌려보내고, 각지의 수비 병력도 속속 철퇴시켰다. 단지 湖兵 수천 명은 길이 멀므로, 아직 南寧과 賓州에 머물러 갑옷을 벗고 휴식하였다.

이보다 앞서, 盧蘇와 王受는 철인 왕수인이 온다는 보고를 듣고, 전부터 그의 고매한 학덕과 수완을 깊이 알고 있었으므로, 양명에게서 구원의 길이 열리기를 갈망하였다. 그러던 차에 수만의 병력이 철군하는 것을 보고 크게 기뻐하여, 이듬해 1월 그들은 사자를 보내어 항복하기를 자청하였다.

양명은 남녕의 군문으로 그들을 불렀으나, 盧·王 두 사람은 그래도 아직 마음을 놓을 수 없었던지, 호위병을 거느리고 군문으로 들어와 알현하였다. 양명은 그들에 대해서 조정의 特旨를 알리고 목숨을 구해 주는 대신 곤장 백 대씩을 쳐서 놓아 보냈다. 반도들은 사은에 감격하여 눈물을 흘리면서 조정에 대하여 충성하기로 맹세했다. 이어 양명은 친히 적의 진영으로 들어가 반적의 무리 7만을 위무하고 조정에 주문하기를, '용병의 열 가지 해로움'과 '招撫의 열 가지 장점'을 논하였다. 아울러 전주의 일부를 분할하여 따로 한 주를 만들고, 전주의 옛 토관이었던 岑猛의 자손을 토관 겸 知州로 삼았다. 또 19巡檢司를 두어 노소·왕수 등이 나누어 맡게 하되, 모두 유관 知州의 통제를 받게 한다는 진정을 올려 황제의 윤허를 받았다.

이리하여 해마다 쌓여 온 분란을 평화적으로 진정한 그는 같은 해 여름에 신예들로 구성된 갑병을 휘동하여 갑자기 八寨와 斷藤峽의 猺族들을 공격하여 모두 소탕하였다. 이들은 사주·전주의 반도들과는 달리 순전한 산적이었고, 특히 단등협의 요족은 위로 팔채와 연합하고, 아래로는 仙臺·花諸·相桐 등의 만족과 통하여 그 근거지가 거의 3백 리요, 수백 군읍이 수십 년을 두고 이들에게 피해를 입고 있는 중이었다.

양명은 이 산적들을 발본색원할 작정으로 일부러 남녕에 주둔한 호광 지방의 군사들을 해산시키는 체하다가, 도적들이 방비를 푸는 기미를 보자 전격적으로 출동하여 牛膓·六寺 등 10여 채를 무찔렀다. 그리하여 다시 橫石江을 따라 내려가 선대·화저·상동·白石·古陶·羅鳳의 도적들을 치고, 布政 林富와 부장 沈希儀를 지휘하여, 임부는 노소·왕수의 군사를 거느리고 팔채로 가서 石門을 격파하게 하고, 심희의로 하여금 잔당의 도망병을 소탕하게 하였다. 이리하여 연래의 화근을 완전히 진압하였다.

그 동안 양명은 열심히 민력의 회복에 힘쓰고, 교육기관을 설치하여 제자들을 독려하여 교화에 노력하였다. 동시에 그는 고국의 벗들에게도 서신을 보내어 다시 회합할 날을 기약하고 격려하기도 했다.

 그러나 지세가 낮아 습한 고장에서 霧露에 시달렸으므로 그의 병세는 더욱 악화하였다. 그리하여 그 해 10월 10일 상소하여 병가를 청하고, 임부를 천거하여 자기의 직임을 대신하게 해놓고 귀로에 올랐다. 그가 何廷仁에게 보낸 글에 의하면, 廣城에 도착할 즈음에는 심한 이질까지 겹쳐서 이미 다리와 허리까지 쓸 수 없게 되었다고 한다. 그는 10월 21일, 광동의 北境 大庾嶺을 넘어 배로 강서의 南安으로 향하였다. 이곳의 관리로 있던 문인 周積이 배로 그에게 문병했을 때, 양명은 꼿꼿이 앉아 심한 기침을 하면서 물었다.

 "요사이 학문은 어떤가?"

 주적은 교화의 실적을 고하고, 몹시 쇠약해진 스승의 모습에 걱정스러워 병세를 물으니 양명은 조용히 말했다.

 "이번에는 도저히 돌이킬 수 없을 것 같다. 단지 원기로 버티고 있을 뿐이다."

 주적은 의원을 불러 스승에게 약을 복용시킬 수밖에 다른 방법이 없었다.

 11월 28일 밤, 배가 淸龍浦에 정박했다. 그 이튿날 새벽부터 그의 모습은 급격히 위태롭게 되었다. 8시쯤에 주적이 불려와 옆에서 모셨다. 양명은 천천히 눈을 뜨고 '나는 간다'라고 짧게 말했다. 주적이 울면서 무슨 유언은 없으시냐고 여쭈었다. 양명은 희미하게 입가에

웃음을 머금으며, '이렇듯 마음이 광명한데 다시 무엇을 더 말하겠는가' 하더니 조용히 숨을 거두었다. 평화롭고도 숭고한 임종이었다.

서애 다음으로 그가 아낀 제자 黃綰이 쓴 行狀에는 스승이 숨을 거두는 날 아침 侍者들을 향하여 이렇게 말했다고 한다.

"나의 평생의 학문이 이제 겨우 그 단서를 잡았을 뿐인데, 아직 나의 학도들과 더불어 이를 대성하지 못하고 죽으니 이것이 유감일 뿐이다."

대유령을 넘을 당시에 알현한 布政使 天大用은 그의 병세가 위독함을 보고 남몰래 좋은 재목으로 관을 만들어 만일의 사태에 대비하고 있었다. 그래서 남안의 南埜驛에서 문인 張思聰·왕대용·劉邦采 등이 모여 엄숙히 입관식을 거행하고, 12월 4일 관을 배에 싣고 남창으로 향했다. 배가 지나가는 곳마다 아무리 궁벽한 산간 벽지일지라도 백성들이 나와 눈물을 흘리면서 절하지 않는 사람이 없었다.

이리하여 가정 8년(1529) 1월 초순, 그는 남창에서 영구에 실려 길안을 지나 남창의 남포역을 거쳐, 고향의 산천으로 돌아와 11월에 회계에서 30리 떨어진 蘭亭 도중의 洪溪에 안장되었다.

제4장 양명학파의 계보

양명학이 明儒의 학으로 대성함에는 유력한 모든 현자들의 학문적 계발이 단서가 됐다.

정주학파에 대하여 대비되는 말로 흔히 陸王學派라 하는데, 이는 뒷날 후배들인 小人儒 무리가 程·朱와 陸·王으로 갈라져 추잡한 논쟁을 일으켰던 사실로도 잘 나타난다. 그런데 양명은 상산 육구연에게서 가장 큰 영향을 받았다. 육구연과 朱熹는 동시대 사람이었으나, 학문상의 차이 때문에 시종 주자학파와 대립하여 왔다.

양명은 청년 시절에 잠깐 누일재를 사사했는데, 누일재는 陳白沙·胡敬齋 등의 신주자학파들과 함께 吳康齋에게 배웠다. 주자학의 폐단을 시정하려는 움직임은 명대 초에 이미 태동하였으니, 이러한 사상적 기반이 명나라 중엽에 이르러 양명학이 천하의 학으로 군림하게 된 계기가 되었다.

불행히도 누일재의 학설이나 인물에 대하여는 그 진상이 분명하지 않으나, 동문의 고제들과 더불어 그 스승인 오강재 등의 인물들을 놓고 고찰해 보면 그 학설의 간이·명쾌함을 상상할 수 있다. 그 사상의 요체는 소위 '放心收斂이 居敬의 門戶니, 何思何慮 勿助勿忘'— 즉 방종한 마음을 조심하고 근신하는 것은 항상 마음을 바르게 하여 품행을 닦는 데에서 출발하며, 어떻게 사려 할까를 언제나 잊지 말라는 것이다. 이 主旨는 바로 양명의 근본 정신과 일치한다.

이리하여 명나라 중엽에 양명학은 그 성대한 학풍으로 일세를 빛내고 모든 학파를 傲視하여 '弟子盈天下'의 기개를 발휘하였다.

양명의 사상에 대하여 맨먼저 신복하고 가장 측근에서 스승의 도를 계승한 사람은 횡산 서애다. 그는 양명의 학설에 대하여 '물이 차갑고 불이 뜨거운 것처럼, 뒷날 어떠한 성현이 나타나더라도 고칠 수 없다'고 말하여, 스승의 학을 만고 불변의 학문이라고 규정하여 받아들였다.

서애의 자는 曰仁, 號는 횡산인데, 양명과 함께 여요 태생으로 양명의 누이동생 남편이다. 양명은 일찍부터 서애의 덕성이 순수함을 사랑하여, 늘 가까이 불러 그의 대성을 기대하였다 한다. 서애는 왕문의 안회라고 보통 말한다. 그는 양명이 남경에서 刑部主事로 있을 때부터, 그 측근에서 밤낮 모시고 수학하였다. 원근에서 양명의 명성을 듣고 모여드는 제자들 중에서, 양명의 강학에 대하여 의문점을 제시하는 자가 있으면, 서애가 스승 대신으로 일일이 증거를 들면서 부연하여 깨우쳐 주었다 한다.

황산 서애의 학설을 살펴보면, 자기 성찰과 克治, 즉 사욕을 이겨내고 사념을 다스리는 일에 특히 엄숙하고 치밀하였다.

서애가 말했다.

"학자의 큰 근심거리는 好名이다. 그 행위에 어떤 목적 의식이 수반되면 부귀를 탐내고 명예를 드날리려는 것과 다름없으니, 그 목적 의식이 비록 효제니 충신이니 예의니 해도 이는 곧 호명이며 사욕이다."

〈전습록〉 상권에는 그의 학에 대한 입장을 밝힌 글이 있는데, 대개 이러한 내용이다.

"내 당초 스승에게 배울 때에는, 가르치는 바에 따라 궤도에서 벗어나지 않고 진행하였는데, 오래지 않아서 크게 의심이 되고, 또 한편으로는 매우 놀랐다. 그러나 조급하게 부정하지 않고 반드시 돌이켜 생각해 보니 얼마쯤 진리에 통하게 되었다. 그래서 그것을 몸소 체험하여 실증해 보니, 오래지 않아 황연히 깨달아지는 것이 있었고, 또 조금 숙고하자 의심은 완전히 가셨다. 그리하여 춤추고 싶도록 기쁜 마음으로 이것이 道體라 일컬었고, 이것이 곧 心이요 학문임을 깨달았다."

그는 세상의 고질적인 병폐 두 가지를 들었는데, 문자와 공명이 그것이라 하였다. 그리하여 그는 오로지 일념으로 마음속에 있는 이 병폐를 제거하려고 노력하였다. 그리고 내면적으로 이 병폐를 완전히 일소한 뒤에라야, 비로소 성인의 도에 나아갈 수 있다고 믿었다.

그러나 서애는 31세로 아깝게 요절했는데, 그때 양명은 47세로 학문이 精深純一의 경지에 미치기 전이었다. 서애의 죽음은 '亞聖'이라 일컫는 孔門의 안회와 일치하는 바가 있다. 따라서 양명의 만년에 완성된 '致良知'의 사상에는 접하지 못하였다. 뒷사람들은 이를 애석하게 생각하고 있으나, 오히려 양명 少時의 순수한 이상을 직접적으로 체득하였다는 점에서 귀중하게 평가한다.

서애 다음으로 양명 문하의 고제는 기원형을 들 수 있다. 원형의 자는 惟乾, 호는 闇齋인데 武陵 태생이다. 그 학문의 주지는 '不欺'로서 곧 不欺闇室이 그것이다. 사람이 보지 않는 어두운 방에서라도 행실을 삼가 양심을 속이지 않는다는 것이다.

그는 일찍이 양명에게 사사하고, 양명이 南贛에 있을 때에는 암재를 맞이하여 濂溪書院을 맡겨 제자들을 가르치게 하였다 한다. 그는 총명과 예지가 뛰어나서, 스승으로부터 평범한 강론을 듣고서도 놀랄 만한 진리를 도출해 냈다. 이로 인하여 동문의 諸生들은 한결같이 감복하여 그의 밑에서 엄격한 가르침을 받았다. 그러나 양명이 49세 때 영왕 신호가 모반을 획책하자, 양명의 부탁으로 신호의 탄신일 연회에 파견되어 그의 진의를 파악하게 되었는데, 이것이 권신들의 모함을 받는 단서가 되었다. 양명이 특히 그를 신호에게 파견한 것은 그의 재주와 능력을 깊이 인정하였기 때문이며, 신호가 선비를 대우하는 것을 기회로, 그를 학문적으로 감화시켜 보려고 하였던 것이다. 그러나 노력도 보람없이 신호는 반란을 일으켰다가 양명에 의하여 체포되었다. 뒤에 양명은 이 일로 장충・허태 등에게 모함을 받게 되고, 그 연루로 원형은 투옥되었다. 기원형은 꿋꿋이 선비의 기개로써 갖은 회유와 고문을 참아내고 스승의 결백을 주장하였다. 양명은 다행히 그를 尊信하던 권신 장영의 노력으로 무사하였으나, 원형은 계속 옥에서 풀리지 못하다가, 황란한 천자를 이은 세종의 즉위도 못보고 옥사하였다.(어떤 기록에는 세종 초년에 석방되어 닷새 만에 죽었다 한다)

그의 학문은 부인 李氏도 깊이 이해하였다. 이씨 역시 학문이 출중한 부인으로서 남편과 함께 갇혔었는데, 관원들의 부인이 부인의 명성을 사모하여 옥중으로 찾아가 위문하기까지 하였다 한다. 그 자리에서 여러 부인들이 그 남편의 학문을 물으니 이씨는 이렇게 대답하였다.

"내 남편의 학문은 閨門衽席 사이를 벗어나지 아니한다."

이것은 東郭子가 莊子에게 '도는 어디에 있는가?' 하고 물으니, 장자가 '대소변에 있다'고 대답한 것처럼 결코 비천한 이야기가 아니다. 오히려 남편 기원형의 학문의 세계를 단적으로 표현한 함축성 있는 명언이었다.

'규문임석'은 안방에 까는 요, 즉 침실을 말한다. 인간의 생활 환경 중에서도 가장 은밀한 장소요, 한가롭고도 방만하여 자칫 절도를 잃기 십상인 곳이다. 그 부인이 이를 거리낌없이 말하여 남편의 학문을 대변하였으니, 閣齋가 얼마나 '不欺'에 철저하였는지 알 수 있다. 다른 부인들은 모두 이 말에 悚然하였다 한다. 그 표현방법의 탁월함이 일품이요 불기의 학문을 아낌없이 체득하여, 한마디로 그 실천적 사상을 말한 부인의 혜안이 놀랍다. 학문이란 문자의 희롱이 아니고 어구의 조립 기능도 아니다. 이른바 공자의 '군자가 두려워하는 것은 말이 실천보다 앞설까 걱정해야 한다' 함과 같은 것이다.

王門 제자들의 특징은 그 학설이 스승의 가르침을 판에 박은 듯이 계승한 것이 아니라, 저마다 독특한 학리와 주장을 창작해 냈다는 점에 있다. 양명 스스로가 허다한 시련과 사색의 악전고투를 거친 끝에 학문의 요체

를 몸으로 체득, 실현하여 자각하는 것을 위주로 하였으므로, 제자들은 스승의 어록에 매달려 자구를 따지는 데 그치는 일은 하지 않았다. 스승의 학문을 이어받아 각자 깊은 사색과 명상을 통하여 새로운 진리를 터득했다.

서애와 기원형은 양명학의 초창기에 사사하여 철저하게 체득함으로써, 뒷날 실천적 가르침을 전파하여 대성시킬 기초를 다져 놓았으나, 불행히도 서애는 요절하고 기원형은 화를 당하여 죽게 되어, 그들의 학문은 큰 영향력을 발휘하지 못하였다.

그러나 양명이 일생 동안 전개한 학문의 세계는 개인이 선천적으로 타고난 양지의 계발에 중점을 두었다. 이러한 가르침을 좇아 배운 문인들도 같은 스승에게 배웠으나 저마다 독자적으로 진리를 마음에 구하여, 결코 스승의 학문적 굴레에 구속되지 않았다. 따라서 동문의 절친한 학우 사이라 할지라도 각기 가르치는 수준이 같지 않았다.

양명에게 직접 학설을 이어받고, 또 스승의 推重을 받으면서, 후에 뚜렷한 학문적 유파를 형성하여 이채를 드날린 세 고제는 서산 전덕홍과 용계 왕기, 심재 왕양이다. 이 3家의 학문적 同異得失을 체득함으로써만이, 양명의 門徒를 알게 되고 또 그 학문적 세계를 간취할 수 있다. 양명의 평생 학문이 이 3가에게서 함축되고, 그리하여 그 宗旨가 크게 빛나고 있기 때문이다.

3가 중에서도 전서산과 왕용계는 가장 가까운 心友였지만, 학문상으로는 각기 이질적이며 차이가 있다. 두 사람의 성품을 살펴보면, 전서산은 과묵하고 의젓하며 왕용계는 명쾌하고 활동적이었다. 그래서 양명은 이 두 사람을 사랑하여, 서로 사귀면서 피차 부족한 점을 보충하도록 일러주곤 하였다. 또 그들이 스승을 모시고 배우는 동안 새 학도의 청강을 두 사람에게 번갈아 가며 신진들을 스승 대신 가르치도록 부탁하였다.

 전서산은 餘姚, 왕용계는 山陰 태생이니 둘 다 절강 사람이다. 그래서인지 두 사람의 학이 취향은 다르지만 대동소이하다. 두 사람을 대비하여 말하는 것은 이 때문이다.

 대체로 양명의 평생 주장은 '致良知'인데 그 공부는 격물에 있다고 하였다. 보기에 따라서는 매우 쉬운 듯하나 가령 양지를 致한 뒤에 그 실재는 어떨까 하는 문제에 이르면, 다시 그 원리의 오묘함에 부딪히게 된다. 우리들의 양지는 선을 선인 줄 알고 악을 악인 줄 알지만, 여기서 더 나아가 치량지하게 되면 선도 없고 악도 없는—이른바 '至虛의 경지'에 이르는 것이다. 이 지허의 실재 역시 究明 대상이 안 될 수 없다.

 왕용계가 말했다.

"우주 창조의 원리에 근원을 두고 생각하자면, 그 뜻의 움직임이 모두 선이다. 그리하여 우리들의 세속적인 사욕·선악 등이 다 용납되어 저절로 간단해질 것이다. 그러나 후천적인 것, 즉 우리의 일상적 사려에서 출발한다면, 곧 세속의 희로애락이 수반될 것이니, 사욕과 선악이 뒤섞여 致知의 공부가 갈수록 복잡해질 것이다."

이에 대하여 전서산이 말했다.

"그런 것이 아니다. 지난날 우리 스승이 처음 교의 근본을 펼 때, 誠意를 표방하여 〈대학〉 연구의 요지로 삼고 致知格物을 성의의 공부로 삼았다. 그리하여 사람들은 이 말을 듣자마자 모두 입문하여 학문의 방향을 얻었다. 공부에 힘쓰는 자는 이 知의 근본을 궁구하여야 한다. 하늘의 법칙이 널리 행하고 조금도 흐트러지는 일 없이 사물에 감응한다면, 그 참된 골자는 늘 변함없이 고요할 것이니 이를 성의의 극치라고 한다. 따라서 처음으로 스승의 학설을 공부하려는 자는 이 성의로부터 출발하면 곧 착수할 기초를 터득할 수 있고, 성인이라도 더욱 힘써 정진하려면 이 길이 적합하리라.

스승께서 이미 돌아가시자, 선악의 문제가 계속 생성·소멸하여 마지않는 것을 우리들은 병으로 여기게 되었고, 이리하여 천리에 대한 제창을 지나치게 중요시하였으므로, 學을 듣는 이가 성의로는 만족스럽게 도를 다하지 못하였다. 그리하여 우선 이에 대하여 깨달음이 있어야 하며 意로써는 스스로 다할 수 없다. 먼저 고요히 사색의 경지에 침잠하여야만 사물에 대한 인식이 트이는 것이다. 그렇지 않고, 대번에 고차원의 원리만을 구해서 순서를 따지지 않고 무시하여, 오로지 영향만을 바란다면 결국 그릇되고 틀려서, 쉽고 절실한 스승의 학설 종지는 막혀서 광범위하게 전파되지 못할 것이다.

스승의 교훈은 바로 성의의 극치이므로 至善에 止한다는 것이다. 이를 표준으로 삼는다면, 지선에의 止가 성의를 떠나서는 있을 수 없다. 止를 말하자면 寂을 논하지 않더라도 적이 그 속에 있고, 지선을 말하자면 悟를 논하지 않아도 오는 그 속에 있는데, 이는 모두 성의에 근본을 두고 있다. 왜냐하면 대체로 心으로는 실재의 원리에 대해 착수할 곳이 없음으로 단지 심으로만 공부를 말할 수 없다. 오로지 심에 감응하여 생각을 일으킴으로써 好惡이 나타난다면 정순하게 관찰하여 克治하는 공부가 있을 뿐이다. 성의의 공부가 지극하면 실재는 저절로 고요해지고 반응은 자연히 순조로워지리니, 초학으로부터 成德君子에 이르기까지 시종 똑같아 두 가지 공부가 있을 수 없다."

양명의 주장과 종지로써 전서산·왕용계 2가의 의견

을 검토해 본다. 얼른 보아서 왕용계의 주장은 영묘·심원하고 전서산은 노둔한 듯하나, 오히려 전서산의 주장이 더 타당하다 하겠다. 천리는 정지의 상태가 아니다. 이 끊임없는 작용의 상태를 실재라고 말하는 것인데, 이 원리가 곧 선이라고 하여, 즉 우리들의 양지를 이룬 상황에서 止至善을 궁구한다면, 이는 어디까지나 논리적인 유희를 면치 못한다. 세속의 사욕과 선악의 渾淆를 번잡하다고 한다면, 학문의 길은 만인이 근심하는 것처럼 그렇게 험난하지는 않을 것이다. 이는 실천적인 체험을 중요시하고 사색과 명상을 통하여 천리를 체득하려는 양명의 학구적 태도와도 위배된다. 우리에게 양지가 있다고 한 것은 우리의 의혹된 사고를 계발하여 학문적 용기를 준 것이다. 그러므로 실재의 원리에 도달하기 위하여는 우리의 내면에서 아직 트이지 않는 中의 상태를 찾기보다는, 우선 情意와 사물의 관계를 바로 인식하는 것이 실천적 학문의 태도에 가깝다. 따라서 明德과 親民으로써 말하자면 민을 친하는 것이 곧 명덕이며, 格物과 致知로써 말한다면 物을 格하는 것이 곧 치지다. 명덕이 없는데 어찌 민을 친할 것이며 良知가 없는데 어찌 물을 격할 수 있으랴. 명덕이 있으므로 민은 저절로 친하게 되며, 양지가 있기 때문에 물이 저절로 격해지니 전서산의 주장이 옳다고 하겠다.

전서산은 동문 羅念菴에게 보낸 편지에서 '愚夫愚婦

를 위하여 법칙을 세운 것은 모두 성인의 말이며, 성인을 위하여 도의 묘를 설명하고 性의 진실을 발휘하게 한 것은 성인의 말이 아니다'고 극언하였다. 그리하여 비근한 듯한 실천 공부와 영묘한 듯한 虛相과의 구분을 분명히 살피도록 한 것들이 학문의 출발점이다. 학문의 근본 정신은 전서산과 왕용계가 동일한 양지학파이므로, 용계의 실질상의 知覺 연구, 서산의 意 및 사물의 관계에서 격물적 정신을 위주로 한 것들이 오로지 일념으로 自欺를 용납하지 않음은 마찬가지다.

왕용계의 어록에 이런 말이 있다.

"今人은 학문의 강론에 있어서 정신만은 멀쩡하여 말끝마다 性과 命을 설명한다. 그리하여 매일 먹는 음식물이나 이익을 말하는 것을 비루하게 여겨, 남 앞에서 말하기조차 싫어한다. 그러나 알고 보면 性과 命을 강론하고 해설하여 미묘한 데까지 도달하였다고 할지라도, 그 의견은 오로지 비교하여 헤아리고 점칠 뿐만 아니라, 본래 생활과는 아무 관계 없는 것처럼 하여 마침내 俗學이 되고 만다. 그러나 만일 실용적인 면을 다루어, 이를 하늘의 법칙으로서 깨닫는다면, 초연히 맑은 심정으로 전념할 수 있으리라."

그리고 또 이렇게 말했다.

"성인이 성스럽게 되는 것은 그 정신적 작용을 모두 내면으로 돌리고 남에게 알리려고 애쓰지 않는 데 있다. 그러므로 항상 자신의 허물을 살펴 스스로 만족하지 않음으로써 그 조예가 계속적으로 날마다 향상하게 된다.

그런데 남들에게 성인이라고 칭송을 받으면서도 성인이 못 되는 것은 그 마음가짐이 오로지 세상에 잘 보이려 하기에만 급급하기 때문이다. 모든 정신 작용이 한결같이 외면적인 곳으로 쏠리게 되니, 스스로 정당하다고 할지라도 요순의 도에는 들어설 수 없다."

왕용계는 명쾌하고 활동적이었으므로 나날이 향상하여 새로 체득한 사상을 설파한 것이 많았다. 그 반면, 전서산은 정중하고 의연하여 사물에 대해 충실한 곳을 깊이 탐구하여 절실하게 해설하고 있다.

양명이 歿하자 왕문의 제자들은 이들 두 스승을 많이 따랐는데, 두 사람이 모두 장수하여 오랫동안 양명의 학설을 전파하였다. 전서산의 자는 洪甫, 이름 덕홍으로 79세에 죽었고, 왕용계의 자는 汝中, 이름은 기로서 86세까지 살았으니 전서산보다 7년 더 장수하였다.

王心齋는 자를 汝止, 이름은 良이라 하는데 泰州 安

豐 태생이다. 어릴 적에 집이 가난하여 마음껏 학문을 닦지 못하였으나, 〈대학〉〈효경〉〈논어〉 등은 배웠다. 아버지가 관가의 火夫였으므로 추운 겨울철에도 아침 일찍 나가 일을 하게 되니, 이를 본 그는 탄식하며 아버지의 일을 대신하였다 한다.

왕심재는 비록 많은 책을 읽지는 않았으나, 천품이 출중하여 언행이 모두 남에게 인정을 받았다. 그리하여 차츰 천지 만물이 자기와 더불어 일체가 됨을 깨달아, 그 방면의 조예가 나날이 발전하였다.

당시 양명이 江西에 있으면서 良知學을 강론하여, 장강(양자강) 이남의 학자들이 다투어 모여들었으나, 왕심재는 태주에 있었으므로 양명을 찾아볼 수 없었다.

그런데 길안 사람 黃文剛이 태주에 와서 우거하다가 하루는 심재의 강론을 듣고 놀라, 당신의 학설은 王巡撫와 같다고 하였다. 왕순무란 바로 왕양명을 말한다. 양명의 관직이 순무이기 때문이다. 왕심재는 이 말을 듣고 곧 양명을 방문하게 되었다. 그리하여 두 사람이 천하의 일을 담론하다가 양명이 말했다.

"군자는 생각하는 것이 그 분수를 넘지 않습니다."

이 말은 왕심재의 학문적 열정이 지나친 것을 은근히 경계함이었다.

왕심재가 말했다.

"良이 비록 무명의 야인이지만, 임금과 백성을 요순처

럼 만들겠다는 마음은 단 하루라도 잊은 적이 없습니다."

"그러나 舜이 깊은 산 속에 살면서 종신토록 천하를 잊고 살려고 하였는데, 그것은 무슨 까닭이었을까요?"

"그 당시는 堯가 帝位에 계셨던 까닭입니다."

이런 대화를 통하여 양명은 애초에 그를 경계하던 마음을 놓고 차츰 호감을 가졌다. 그리하여 오랫동안 서로의 학문과 사상을 피력하였다.

양명이 致良知說을 논리가 정연하게 펴나가자 심재는 비로소 탄복하며, '간명・평이하고 곧기도 하군요. 저는 아직도 그런 경지에 이르지 못하였습니다.' 하고 절을 하며 제자가 되기를 청하였다 한다.

물러나와 양명에게 들은 말을 다시 검토하여 보아, 간혹 비합리한 것이 있을 때에는 뉘우치며, '내가 경솔하였다' 하고는 다시 양명을 방문하여 자기의 마음을 숨김없이 말했다. 양명은 심재의 솔직함에 감탄하고, 그를 다시 상좌에 모시어 담론하였다. 오랫동안 서로 학을 강론한 끝에 심재는 양명의 말에 감복하였다고 한다.

양명이 문인들에게 말하기를 '내가 예전에 신호를 체포할 때도 마음이 움직이지 않았으나, 지금 이 사람에게는 움직이게 되었다'고 하였으니, 심재를 공경함이 이러했다. 심재도 양명의 치량지설을 청강하고 사사하여, 천재일우의 絶學이니 이를 널리 설파해야 한다고 하여, 친히 작은 수레를 타고 돌아다니면서 강설하였다.

양명이 몰한 뒤 심재는 향리 강당에서 일생을 마쳤는데, 그의 학문은 비록 양명을 존중하기는 하였으나, 격물의 해석에는 다소 학설이 달랐다.

"格은 격식의 격이며, 身을 비롯하여 家·國·천하가 모두 物이다. 여기에는 本末이 있는데, 신은 本이며 가·국·천하는 말이다. 말이 不正한 것은 본이 부정하기 때문이며, 말을 바르게 하려면 본을 바르게 해야 한다. 본은 곧 말의 式이므로 격물이라 하는 것이다."

그의 격물설을 흔히 '淮南格物'이라 하는데, 그것은 왕심재의 태생지 태주가 회남 지방이기 때문이다.

또 그는 止至善에 대하여는 이렇게 풀이했다.

"지지선은 安身이다. 몸을 안정되게 함은 곧 천하의 큰 근본을 확립하는 것이다. 명덕을 밝히고 民을 친함에 있어서 몸이 안정되지 않으면 본이 서지 않을 것이므로, 이래서는 천지를 주재하고 조화를 운용하지 못할 것이다. 그렇게 되면 천지 만물이 그 몸을 위태롭게 할 것이니, 이를 가리켜 근본을 잃는 것이라고 하면, 천지 만물 중에서 그 몸만을 결백하게 할 뿐이므로 이를 일러 末을 흘려 버림이라 한다. 몸이 곧 천하와 나라 및 집안의 근본이라고 한다면, 천지 만물로 하여금 내 몸에 의지하게 할 뿐이요, 내 몸이 천지 만물에 의지하지는 않는다. 성인은 도로써 천하를 구제하려 하므로 가장 중요한 것이 도이다. 사람이 이 도를 전개할 수 있으므로 가장 중요한 것은 몸이다."

이러한 해설은 물론 양명의 학설과 다르고, 또 정밀한 면에서도 양명을 따를 수 없다고 하겠으나, 그 사상적 전개는 오히려 간이·명쾌한 바가 있다.

심재는 기민하고 지혜로워서 양명의 '親民'에 대한 말을 받아 거침없이 자가의 학문으로 정착시켜서, 그 一身에 천하와 나라 및 집안에 대한 책임을 모두 짊어져야 한다는 주의·주장을 내세웠다. '身이 安하다'는 말은 얼른 보아 구차스럽게 새로운 형해를 만들어 학리를 복잡하게 하는 듯하나, 일신이 천하와 나라 및 집안에 대해 책임을 짊어져야 함을 가르치기 위하여는 불가피한 것이다. 그는 양명보다도 더욱 간명하고 질서 있는 학문의 탐구에 노력한 사람이다. 그래서 항상 이렇게 말하였다.

"백성들이 날마다 쓰고 있는 조리가 곧 성인의 조리다. 다만 성인은 이것을 알기 때문에 잃지 않지만, 백성은 알지 못하므로 잃기 쉽다. 성인의 도가 백성의 일상 생활과 어찌 다르겠는가. 무릇 일상생활에 무용한 것은 모두 이단이다."

왕심재가 가르치고 인도하는 것은 반드시 비근하고 또 일상생활과 밀착되어 있는 도리로부터 가장 알기 쉽게 본심을 이끌어 가르쳤으므로, 누구나 일언지하에 크게 깨달아 통찰하여 밝게 터득함이 많았다. 따라서 민중에게 감화시킨 공로가 절대 양명보다 작다고 할 수 없다.

그의 사상은 철두철미하게 현실적·실천적이었으므로, 인간에게 항상 나라와 가정에 대하여 실제적인 책임이 있다고 하여, 특히 독선적이거나 은둔하는 것은 도가 아니라 하였다.

"선비는 비록 세상의 악과 싸우지 않는다 할지라도, 수신하고 강학하는 것은 모두 천하와 국가 및 가정에 대하여 할 바를 행하는 것이므로, 은둔하여 세속을 피할 겨를조차 없을 것이다."

그는 이렇게 말하고, 또 종래의 학설이 인간의 지상명령인 천명에 대하여 항상 열렬하지 못한 것을 지적하여, '대인은 命을 알고 만들어야 한다'고 주장하였다.

그리하여 심재의 학설이 왕용계보다 영묘하고 집요함

이 못 미치고, 전서산에 비하여 독실하고 근신함에 미치지 못한다 할지라도, '명덕'과 '친민'의 사상을 실천한 점에 있어서는 왕용계나 전서산이 모두 왕심재를 따르지 못한다 할 것이다.

그런데 뒤늦게 劉蕺山(宗周)의 證人學派가 나와서, 양명학 末流들의 폐단을 혁신하려 했을 때에도, 유즙산은 왕심재의 격물설에 대하여 그 타당성을 인정하여 다음과 같이 설파하였다. '뒷날 배출되는 선비들이 격물설을 말하자면, 마땅히 회남의 주장을 바르다고 해야 할 것이다'고 말이다.

왕심재는 명나라 세종 嘉靖 19년(1540)에 58세로 죽었다. 아무 벼슬도 하지 않고 야인으로서 일생을 마쳤으나, 그의 학설은 중국의 동남 지방에 전파되어 크게 빛을 보았는데 이를 泰州學派라 한다.

王東涯의 字는 順宗, 이름은 襞(폐)인데 심재의 둘째 아들이다. 그는 일찍이 왕용계와 전서산에게 배웠는데, 심재가 회남에서 강학하게 되자, 돌아와서 아버지를 모시고 그 학문을 계승하였다. 왕심재가 죽은 뒤 그 강학의 자리를 이어 학문을 해설하여 門風을 크게 떨쳤다. 그는 아버지에게서 이어받은 학설을 그대로 따르지 아니하고 자기 나름대로 독자적인 학풍을 전파하였다. 그 주요 골자는 대개 심재의 학문에다 왕용계·전서산의 가르침을 혼용한 것이었다.

왕동애는 다음과 같이 말했다.

"지금 세상 사람들은 '학문'이란 글자만 끌어내도 벌써 거기에다 겹겹이 이론을 보태어 강설하니, 탐구할수록 마음은 날마다 피곤하고 삼갈수록 행동은 더욱 어리석어진다. 욕망을 참고 명성을 바라면서 선을 따지니 마음은 흔들려 편하지 못하다. 그러나 알고 보면 사물이 따로 있는 것이 아니라 그 마음에서 우러나는 것이므로, 이를 궁구함으로써 학문하는 즐거움은 최고조에 달한다. 즐겁지 않다면 그것은 학문을 하는 것이 아니다."

대체로 왕씨 부자의 학문을 이해하려면, 양명의 명덕・친민에 대한 주장을 먼저 파악하는 것이 첩경이다. 홀로 깨달아 아는 곳에 하늘의 법칙이 나타나며, 이 노력을 반복한 뒤에라야 보태어 도와주는 것이 있어, 공허하고 먼곳으로 떨어질 위험이 없다.

왕심재의 학문은 비근한 데서부터 차츰 크고 넓은 곳으로 발전하는 것이 주지인데, 이와 동시에 또한 민족적 자각과 교훈에도 크게 영향되는 바가 있었다.

그 당시, 신분이 비천한 사람들이 왕심재의 설교를 듣고 크게 감화한 일이 있다. 그 중에서 陶器工 韓貞과 나무꾼 朱恕, 농부 夏廷美 등이 뚜렷한 사람들이다. 이 중에서 한정은 글을 모르는 사람이었음에도 불구하고,

왕심재의 가르침을 듣고 크게 깨달아 스스로 민중을 교화시키는 일에 참여하겠다고 나섰다. 이러한 사정을 살펴보면, 강학의 요지가 글자를 가르치는 것과는 거리가 있었던 것을 알 수 있다. 이것이야말로 聖學의 근본이 아닌가. 그리하여 한정의 노력으로 감화를 받은 자는 대장장이, 장사꾼, 고용살이하는 자, 노예 등 천여 명에 이르렀다 한다. 한정은 틈이 있을 때마다 여러 촌락으로 전전하면서 학문을 전파하다가 죽었다 한다.

이외에도 왕심재의 문인으로서 덕이 많고 언행이 독실하여, 후세에까지 뚜렷이 명성이 남아 있는 자가 한둘이 아니다. 더구나 청대에 와서는 학문을 강론하는 기풍이 거의 없어졌지만, 태주의 李晴峰이 咸豐·同治 연간에 왕심재의 宗旨를 추리·구명하여 제자를 수백 명 거느렸다. 그러나 그 뒤로는 유즙산의 증인학파의 대두로 자취를 감추었다.

이 몇 사람 외에 양명 문하의 걸출한 선비들을 든다면, 程門德·何廷仁·黃弘綱·劉邦采·劉陽·魏良政·薛侃·秀本·董澐·陸登·鄒守益·歐陽德·聶豹·陳九川 등이 있어, 다같이 王門의 宗風을 크게 진작시킨 유명한 사람들이다.

이들을 이루 다 열거할 수 없으므로 생략하고, 특히 何心隱과 顔鈞에 대하여 약술하려 한다.

애초 양명이 良知說을 제창한 후, 많은 학파가 갈라

져 나와 이설을 펴는 바람에 그에 따른 다소의 물의가 있었다. 그러나 그 내용과 형식은 여전히 순수하고, 또 학파마다 위치가 굳건하여 그에 대한 공부가 활발하였으므로 별다른 흠이 없었다. 그 이후 왕심재가 열렬히 현실적·실천적인 학설을 폈고 왕용계가 영묘한 사색을 통하여 깨달았으니, 전자를 가리켜 단속하고 경계하며 타이르는 학문적인 면이 부족하다 하고, 후자를 가리켜 禪機에 가깝다느니 하면서 시비가 있었으나, 그래도 아직은 고답적인 인사들이라 하여 더 건드리지는 않았다. 그런데 顔鈞·何心隱이 나온 뒤로는 왕심재 유파에 이러한 猖狂者, 즉 형식에 구애되지 않고 큰 뜻을 가진 사람들이 있다고 하여, 왕심재의 학설에 그치지 않는 말썽을 자아냈다. 이로 인해서 양명까지 소급하여 배척하려 하였으니, 대관절 그들의 거조가 어떠하였기에 그러한 물의가 일어났는지 살펴볼 필요가 있다.

대체로 명나라가 망하고 청나라가 천하에 군림하게 되자, 많은 선비들이 절의를 지켜 강렬하게 저항하거나 은거하였는데, 이는 중국 역사상 그 유례를 찾아보기 어려운 사실이다. 그리고 이러한 선비들의 활동은 그 원동력이 양명학의 교설에 연유되었음은 누구나 다 아는 일이다. 그래서 청대 초에 들어와서도 方望溪 등 王學 배척의 선비들까지도 비난을 삼가는 형편이었다.

그런데도 왕심재나 그 문하생 안균·하심은의 敎說이

배척의 대상이 된 것은 어찌된 일일까. 그 이유는 간단하다. 왕심재는 이미 선비다운 면모를 벗어나 실천적이며 행동적인 설교에 힘썼고, 하심은이나 안균 등의 제자들에 이르러서는 더욱 실사회의 그늘진 곳으로 깊이 침투하여, 더럽고 비천한 환경도 꺼리지 않았기 때문이다. 따라서 유학의 근본 정신에서 이러한 행위를 한마디로 비판할 일일 뿐이고, 결코 천시하거나 푸대접할 일은 아니라는 것이다.

안균의 字는 山農인데 길안 태생이다. 왕심재의 문인 波石 徐樾에게서 배웠는데, 천품이 높고 뛰어나서 항상 말하기를, '性은 맑은 구슬과 같아서 본래부터 아무런 먼지나 때가 끼이지 않았다. 그러므로 그대로 따라 행하는 것이 도이다' 하였다.

그는 천성이 의협심이 많아서 위태로운 일과 험난한 역경을 사양하지 않았다. 그래서 태주학파의 중진이던 大州 趙貞吉이 귀양갈 때, 다른 사람들은 모두 상관하기를 꺼려 피했으나, 안균 혼자 그와 동행하여 조대주가 대단히 고마워하였다 한다. 또 스승인 서파석이 沅江府에서 전몰한 뒤, 그 유해를 업어다가 고향 땅에 장사지낸 이도 안균이다. 또 정치가 문란하고 백성들이 곤궁함을 보고는 차마 그대로 방관할 수 없어, 여러 가지로 구출할 생각으로 노력하였으나 소인배들은 그를 원수처럼 보았고, 현사들도 그의 번잡스러운 행동을 미

위하여 마침내 남경 옥에 가두어 죽게 하였다. 그의 문인 近溪 羅汝芳이 스승을 구하려고 논밭 등 가산을 탕진하고, 6년 동안 과거도 보지 못하고 애썼으나 헛수고였다. 스승의 생전에는 심방하면 반드시 차나 과일을 손수 대접하며, 여러 손자들을 향해서는, '너희들로서는 선생을 섬기지도 못한다'고 하였다.

하심은은 길안 영풍 사람으로 자는 夫山이요, 본래의 성명은 梁汝元이었다. 젊어서 안균에게 사사하여 왕심재의 학설을 전해 듣고 말하기를, '집안을 평화롭게 다스리는 것이 곧 책임을 다하는 길이므로 우선 이를 실천해야 하겠다' 하고는, 스스로 '華和堂'이라는 큰 집을 지어 一族을 그곳에 모아 놓고 전 살림을 맡았다.

여러 가지 일을 처리하면서 관혼상제와 부역 등 모든 일을 다스리니, 1년이 못 되어 정연하게 질서가 잡혔다. 그때 마침 고을의 수령이 부역 외에 구실을 달아 세금을 거두어들이므로, 하심은은 편지를 보내어 이를 꾸짖었다. 그것이 화근이 되어 수령의 노여움을 사서 모함으로 잡혀가 거의 죽을 뻔하였다.

그후 하심은은 북경으로 가서 사람들을 모아 學을 강의하였는데, 청중은 선비를 비롯하여 시정의 잡다한 工匠이들까지 모두 모여들었다.

이때 嚴嵩이 재상으로 있으면서 정권을 전단하여 직간하는 여러 신하들을 죽였다. 그래도 누구 하나 그의 행동을 힐난하지 못하였다.

이를 안 하심은은 道士 藍道行이 亂神術로 세종의 총애를 받고 있음을 이용하여 몰래 계략을 꾸며, '엄숭이 封書를 올리는 것을 미리 염탐하였다가 이를 천자에게 알리기를, 오늘 어느 간신이 정사를 稟할 것이라고 난신이 말을 내렸다고 하라' 시켰다. 남도행이 그대로 천자에게 고하니, 세종이 그 징험을 시험삼아 기다렸더니, 과연 엄숭의 봉서가 들어왔으므로 매우 의심하던 차에 어사 鄒應龍이 탄핵하여 이를 계기로 재상직에서 내쫓았다.

하심은은 이런 생각이었다.

'비록 布衣(野人)의 몸이지만 나라에 대하여는 나대로 책임이 있다. 음험한 계략이긴 하지만 그것은 내 책임을 다한 것이요, 휼계를 써서라도 천하의 백성에게 도움을 줄 수 있다면, 내가 雜流가 된들 어떠랴.'

하심은의 사람됨을 이 말로써 짐작할 수 있다. 이후 그는 사방으로 유람하면서 유세하여 발이 닿지 않은 고장이 거의 없었다.

張居正이 나라일을 맡게 되자 길안 사람 어사 傅應禎과 劉臺가 그를 탄핵하였다. 장거정은 길안 사람과는 원수같이 지내게 되었다. 하심은은 길안의 고명한 선비로서, 지난날 술책을 써서 재상을 관직에서 쫓아낸 일이 있으므로 매우 시기를 받더니, 마침내 장거정에 의해 옥사하고 말았다.

하심은·안산농 등은 평생을 바쁘게 마치어, 질시와 화를 당해 일신이 잔패하였다. 그러나 그들이 남긴 자취가 고결하지 못하다고 하기보다는, 더욱 진지한 사색의 악전고투가 있었음을 생각해야 할 것이다. 그들은 민중의 利害를 자기들 일처럼 생각하여 고락을 같이하였다. 그러니 전서산·왕용계·왕심재 및 말썽이 많던 안산농·하심은 등은 모두 진실한 학자들이었다.

羅洪先의 자는 達夫, 호는 念庵인데 吉水 사람이다. 15세 때 양명의 〈전습록〉을 보고 찾아가 스승으로 모시고 배우려 하였으나, 그의 아버지가 극구 말려 뜻을 이루지 못하였다. 그러나 나염암의 학문이 양명의 정통적인 眞傳을 체득하는 데는 왕용계·전서산 그리고 왕심재에게 뒤지지 않았다. 왕심재는 열렬히 실천궁행을 위주로 하여, 그의 학설은 오히려 깊고 세밀한 면이 부족하였고, 왕용계는 철저한 깨달음으로 깊은 사색의 경지를 위주로 하여 오히려 그 학설은 절실하고 비근함이 부족하였으나, 전서산과 나염암은 다같이 深微하고 절실하며 비근한 경향을 겸하였다. 그러나 이 양자는 또 다소의 차이가 있었음을 부인할 수 없다. 전서산은 극기에 특히 힘을 기울였고, 나염암은 오히려 고요히 사색함으로써 天의 원리를 入門으로 삼았다 할 것이다.

따라서 나염암의 학풍은 겉으로 보기에는 열광하는 듯하였으나, 내면으로 보면 깊이 心田에 침잠하여 '未發의 中'의 경지에 있었다고 하겠다. 이는 곧 사물의 본체에서 모든 의무와 탐구적인 사색을 버리고 깊이 마음의 밑바닥에 침잠함인데, 이 상태는 이미 中和의 출발이 된다. 따라서 천하의 원리에서 멀어진다기보다는, 이미 일신의 자각으로부터 사물을 지각하여 파악한다는 것이다. 이러한 상태를 靜의 침잠이라고 해도 좋을 것이다.

宋의 周濂溪는 '욕망이 없으므로 靜하다'고 하였는데, 이는 실로 간이, 적절하게 '미발의 中'을 해석한 말이다. 욕망이란 것은 마음이 침잠한 상태가 아니라 자기의 사사로운 마음의 움직임이므로, 이러한 움직임이 없다면 그 상태는 곧 寂然하여진다는 것이다.

나염암이 말했다.

"선비가 학문을 하는 것은 세상을 경영함에 목적이 있다. 그런데 그 근본되는 상태는 욕심이 없다는 것이요, 오직 이 욕심이 없어야 세상을 경영하는 데 그 良知가 맑아지고 능력이 더욱 발휘되는 것이다."

나염암이 靜을 위주로 하여 입문으로 삼은 것은 실재의 원리를 수용함이요, 실천적 善을 더욱 독실히 하기 위함이었음을 알 수 있다.

나염암은 만년에 이르러 전서산에게 물어 가면서 〈陽明年譜〉를 작성하였는데, 그 내용에 제자로서 자기 이름의 기록을 망설이자 전서산이 말하였다.

"그대가 先師에게 향하여 '門人'이라 일컫지 아니함은 王門의 제자가 아니라고 함과 같은 것이오. 그대가 스승의 학문을 공부한 지 이미 30년에, 이른바 堂에 오르고 室에 들었으니 부족함이 있겠소? 그러니 문인이 된 것은 두말할 나위도 없는 일이오."

이에 대하여 나염암이 대답했다.

"양지란 그리 쉽게 말하는 것이 아닙니다. 내 마음이 선하든 악하든 내가 알고 있으니 양지가 아닌 것은 아닙니다. 그러나 현재에 이르러 나의 양지가 과연 논리와 욕구가 혼잡해 있지나 않나 하는 위험이 없지 않습니다. 또한 양지란 항상 밝다고 하는 것도 옳지 않거니와, 양지가 아직 밝지 못한 바 있으니, 이에 의하여 행하면서 괴리됨이 없다는 것도 옳지 못합니다. 그러므로 우선 主靜·寂寞을 지니지 않고는 참다운 양지에 미칠 수 없습니다."

이는 양명이 양지를 제창하면서 간략과 절실을 위주한 것과 일치한다. 또,

"욕망이라는 것은 좋아하고 탐내는 행위만이 아니라 타산적으로 안배하는 것도 욕망이오. 안배는 언제나 사사로운 자기를 위주로 하는 데서 비롯되므로, 욕망의 유무를 살필 적에는 그 경우에서 아주 미미한 마음의 밑바탕을 엿보기를 위주해야 합니다."

그리하여 방만하고 절실하지 못한 선비가 욕망과 도리를 얼버무려 학문을 그르치는 것을 방지하고 경계하려 했던 것이다. 그의 학설이 전서산과 가까운 것은 이런 점인데, 전서산보다 자각하는 데 있어 더 심각한 것이 나염암의 입장이라 하겠다.

〈중용〉에 말하였다.

"天이 命하는 것을 性이라 하고, 성을 따라 행하는 것을 도라 하며, 도를 닦아 행하는 것을 敎라고 한다. 그러므로 도라는 것은 잠시도 우리에게서 떨어질 수 없으며, 만일 떨어진다면 그것은 도가 아니다. 따라서 공부하는 사람은 경계하고 삼가서 보이지 않는 데에 힘쓰고 두려워하되 들리지 않는 것에 들으려 하니, 이로 인하여 은폐된 것보다 더 드러나는 것이 없고, 미미한 것에서보다 더 나타남이 없는 것이다. 그래서 공부하는 자는 홀로 있는 때를 삼가야 한다.

희로애락이 발하지 않는 상태를 中이라 하고, 발하여

모두 절도에 맞는 것을 和라 하니, 중은 천하의 큰 근본이요, 화는 천하의 통달한 도라, 중·화를 이루면 하늘과 땅이 제자리를 잡게 되어 이에 만물이 자라날 것이다."

그런데 경계하고 삼감에 있어서, 어찌하여 그 보이지 않은 것에 힘쓰라 하였으며, 두려워하되 어찌하여 들리지 않는 것에 힘쓰라 하였는가? 이 보이지 않고 들리지 않는다는 것은 곧 자기 마음의 가장 隱微한 곳이다. 이것을 아는 것이 곧 獨知라는 것이다. 이는 은폐하려 해도 이보다 더 드러남이 없으며, 속이려 해도 이보다 더 나타남이 없을 것이다.

이것을 인생의 생사 문제로 여겨 누구나 힘쓰지 않으면 안 될 것이다. 가장 은미할 때 가장 참되고, 가장 참될 때 비로소 생명이 약동하는 것이다. 양명이 物을 格한다 하는 것도 이 은미한 중에서 경계하고 두려워하는 일로부터 출발하라는 것이다. 나염암의 주장도 역시 자기의 마음으로부터 고행을 거쳐 힘써 매진하라는 것이었다.

나염암은 經世家였으므로 벼슬하여 도를 따라 직간하다가 쫓겨나 고향으로 돌아왔다. 그는 천문·지리·錢穀 및 토목 공사와 변방의 방위, 陣法, 공격과 수비 등 병학에도 一家를 이룬 사람이다. 또 말타기와 활쏘기에

도 능하여, 은연중 양명과 비슷한 데가 있다. 이 밖에도 그의 평생은 양명의 처지와 기개를 그대로 이어받은 듯한 경우가 많다. 가까운 고을에 오래 전부터 土地稅로 인한 폐해가 많으므로, 나염암은 이를 보고 관리에게 말하여 정리하도록 권하자, 도리어 그에게 일을 맡겨 처리하게 하였다. 나염암은 지난날 국사를 계획하여 성공시킨 경험이 있었으므로 이를 맡아 처리하였는데, 밝은 지혜로써 체험하고 관찰하여 일체를 정연히 바꾸어 놓았다. 또 기근이 생긴 해에는 언제나 몸소 나서서 빈민을 구제하였고, 도적들이 갑자기 길안으로 침입하자, 고을의 수령이 어찌할 바를 몰라 전전긍긍했을 때 전략을 세워 도적들이 저절로 물러가게 한 일도 있었다.

唐荊川은 그와 함께 학문을 한 친구인데, 변방의 관리로 기용되어 부임하자 나염암을 관직에 천거하였으나 사양하면서, '천하의 일은 갑이 아니하면 을이 하는 것이다. 내가 할일을 그대가 하면 그만이지 굳이 내가 갈 것이 무엇인가' 하였다. 그후 60세에 죽으니 때는 명나라 가정 33년이었다.

양명 문하의 徒弟들은 파벌 없이 서로 교류하고 출입하였으므로, 저마다 각각 스승의 학파를 계승한 일이 적었으므로, 오로지 양명의 종지만을 부연하여 전파시켰다.

그리고 종지는 비록 하나라 할지라도, 가르치는 자가

이론보다는 실제에 치중하였으므로, 교육의 정도에 따라 수용자의 성향이 다르게 나타났다. 깨달아 입문하는 선비들의 천품의 차이라든가, 학설의 해석에서 오는 이론 등이 저마다 독특한 바도 없지 않으나, 각각 다른 스승에게 배워 그들 스승의 학풍을 세습적으로 전하는 일도 있을 듯하다. 그러나 그들의 학문 방법이 외형을 보고 求學하지 않았으므로, 아무리 스승의 학설이라도 제 마음에 비추어 불합리한 점이 있으면 감히 그대로 따르지 않았다.

王門의 여러 선비들을 파벌지운다고 하면, 학파의 형성이 다름에 따라 학설의 문맥(인맥)도 서로 다른 사람이 많다. 이는 양명학파의 한 가지 특징이라고 말할 수 있는 것으로, 그 까닭은 문자에 의한 정연한 논리의 전개를 위주로 함이 아니라, 유교의 근본 정신을 임기응변으로 강설하는 현실적·실천적 학습에 치중하였기 때문이다.

왕용계의 학문이 여러 제자들에게 전승된 후, 그 流弊가 없지 않았던 것도 사실인데, 이것도 사람마다 타고난 성품과 능력에 따라 친근한 사람에게 학술 사상을 전하곤 하여, 결과적으로 그렇게 학풍이 변질된 것이다. 그리하여 末流로 내려오면서, 비록 왕용계의 문인이라 하더라도 그 사상이 오히려 전서산과 가까운 사람들도 많았다. 鄧以讚·張元忭 등은 독실하고 근엄한 사람들이면서도, 그 학문의 내용은 모두 전서산의 문인들 쪽에 가깝다. 거기에 비하면 왕심재의 문하는 비교적 계통이 오랫동안 유지되어 스승의 학문을 널리 전파한 실적이 있다. 심재는 양명의 제자들 가운데 가장 현실과 밀착하여 대중에 침투한 사람이다. 그러므로 자연히 실천적인 유세로 인한 감화가 오래 유지된 반면, 이론적인 해설이나 참고될 만한 증거는 비교적 적다.

명나라 말엽에 이르러 이름난 학자들의 절의는 앞에서 말하였거니와, 그들의 처신에 아무런 이해·득실이 없었던 것은 실로 고금을 통하여 그 유례를 찾아보기 힘들다. 이를 보더라도 학문의 힘이 얼마나 큰지 알 수 있다. 명말 제현들이 빛낸 양명학의 전통과 그것을 기초로 하여 벌인 사업은 모두 〈明史〉에 기록되어 있다. 따라서 양명의 학도들을 그 학문의 세계에서 찾기보다는 직접 사회적으로 활동을 벌여 실천한 무리들에게서 찾는 것이 오히려 더 타당하다. 또 양명의 학설을 〈전습록〉에서 찾기보다는 이해·득실을 초월한 기백 있는 선비들의 행적에서 유추함이 더 마땅하다. 그의 학설은 良知가 大宗을 이루므로, 이를 밝히는 순수한 도를 제외한다면 따로 학설이 없다. 이것이 이른바 '心學'인데, 각인 각색으로 평생 고행의 체험을 통하여 터득한 바를 더듬어 봄도 전혀 그릇된 일이 아니다.

나염암 이후로 性과 體의 보전에 대하여 절실한 주장

을 내세운 사람은 劉宗周였다. 유종주의 자는 起東, 호는 念臺인데 山陰 사람이다. 그의 학문 요지는 '獨愼'이니, 혼자서 스스로 근신하여 간절히 추구하는 바를 따라 인간의 성과 체가 증명되고 체득된다. 유종주는 그 체득된 바를 잃을까 항상 두려워하면서, 이를 大本으로 삼았기 때문에 나염암의 凝聚說과 비슷하다.

그렇고 보면 양명학의 면목은 劉念臺에 이르러 매우 변모되었다고 할 수 있다. 유염대는 처음 許孚遠에게 사사하였는데, 허부원은 곧 湛若水의 학설을 많이 계승하였다. 그에 이르러 스승의 사상이 얼마쯤 수식되었다 하더라도, 유염대에게 전해진 학풍은 다시 일변한 느낌이 든다. 따라서 유염대의 학문은 湛若水와는 다른 것이다. 구태여 가까운 사람을 찾자면 나염암을 들 수 있겠다.

유염대는 明末의 대신이며 충직한 인격자였다. 그는 여러 번 毅宗에게 간언하여, 천자의 진노를 일으켜 번번이 위태로운 재난에 빠지기도 하였다. 그러나 일념으로 나라에 충성하여 宗國을 잊지 못하다가, 남경이 함락되어 멸망한 뒤에는 식음을 전폐하고 굶어죽었다. 그의 문인 중 祝淵·王毓耆 등도 모두 절의를 지키다가 죽었는데, 특히 축연의 죽음은 많은 학자들을 경계하여 깨우쳤다고 할 수 있다.

축연은 애초에 유염대와는 일면식도 없는 사람이었으

나, 유염대가 천자의 뜻을 거슬리어 면직된 것을 알고 상소하여 그를 구출한 일이 있었다. 훗날 연이 염대를 방문하여 물었다.

"그대가 나를 구하였는데, 그것이 옳은 일이라고 여겨 그랬는지, 아니면 어떤 공명심 때문이었나?"

축연이 이 말이 자기 생각과는 크게 어긋나므로 망연히 대답했다.

"선생의 명성이 천하에 가득합니다. 이 몸이 선생의 문하에 들지 못함을 부끄럽게 여기지 않았다면 어찌 상소하였겠습니까."

이로부터 축연은 유염대를 사사하였다.

유염대의 학문이 변형되고 간추려져서 어떻게 양명과 그 줄기를 달리하였는가 하는 문제가 여러 번 논의되곤 하였다. 하지만 그 학문의 적나라한 일면은 확실히 양명의 사상적 골자를 그대로 이어받은 것이니, 경우에 따라서는 양명과 다르다고 하더라도 근본 정신에는 큰 차이가 없다. 그는 힘써 실상을 고증하여 전파하였으므로, 오히려 민중에게 더욱 밀착되었다고 보아야 하겠으니, 절대 이설이 될 수 없다.

凝聚니 保聚니 하는 말은 얼른 보아 분명히 알기 어렵다. 이는 시비와 선악에 대하여, 보이지 않고 들리지 않는 은미한 곳에 스스로 속일 수 없는 靈明한 정신이 있어, 이를 항상 비춰 주거나 가려 주기 때문에 그 영명한 것 전체를 언제나 파악하기가 어렵다. 그리하여 그 정신이 비치는 곳에 항상 마음을 집중하여 그 원리를 잃지 않도록 함이 보취요, 그 가려진 것을 끊임없이 개척하여 영명한 곳을 찾아 모아 모조리 노출시킴이 응취다. 그러므로 그는 오로지 혼자서 삼가는 '독신'이란 말을 항상 주장하였다.

그는 말했다.

"그 한 점 영명한 곳이 은미하여 홀로 알고 있되, 언제나 아물아물하여 놓칠까 두렵다. 이 은미한 경지를 찾아보지 않고서는 속일 수 없는 나의 본체를 알지 못한다. 그러므로 잘못이라는 생각이 이미 발생한 뒤에 관찰하고 추구하면, 벌써 그곳에는 꾸미고 가꾸어져 진리와는 다른 사념이 일어나는 것이다. 요컨대 그러한 文飾이 발생하기 전에 그 기미를 따라 깨끗이 깨달음이 있어야 한다."

유염대는 천품이 충직·고결하여 극기의 정신이 아주 높은 경지에 이르러, 과오의 뿌리를 제거하는 데에는 추호도 참을 수 없었으므로 은연중 獨知에 대한 체득이 투철하였다.

대개 학문이란 것은 힘써 할 수는 있지만 억지로 한

다면 벌써 진실이 아니다. 유염대의 학문은 이미 자신 속에 깊이 침잠하였으므로 남을 위하여 하는 공부는 아니었다. 그래서 왕양명도 말하지 않았던가. '意念이 향해져서 그 不正한 것을 格한다. 의념상 부정한 것이 바르게 되어야 양지에 유감이 없다'고. 그러므로 처음 학문을 하는 사람은 체득한 바를 행할 수 있는 곳에 학문의 참된 종자를 뿌려야 한다.

"학문은 첫째 성실과 허위를 구별하는 데서부터 출발해야 한다. 만약 이러한 정신에 입각하지 않는다면, 천만 번 갈고 닦곤 하여도 금수나 다를 바 없을 것이다."

이것이 유염대의 학문 정신이었다. 그는 또 말하였다.

"義와 利에 대하여 투철하지 못한다면 생사를 어떻게 파악할 수 있겠는가. 오직 의와 이에 대하여 분명하게 깨닫고, 여기에 진실하다면 생사에 관해 더 언급할 것도 없다. 의 때문에 살아야 한다면 살고, 의 때문에 죽어야 한다면 마땅히 죽는다. 눈앞에 보이는 것은 오로지 의 하나뿐이니, 살고 죽는 것은 그렇게 따질 만한 가치가 없다."

유염대는 몸소 이러한 소신을 실천한 사람이다. 그러

나 유염대 이후 양명학을 전승한 이는 黃梨洲·李二曲·王船山 등에 그쳤으니 적적하고 섭섭한 일이다. 그 원인을 살펴보면 淸代에 들어와 강학의 기풍이 점점 쇠미해진데다가, 여러 제왕들이 도리어 宋學을 높이고 포상하였으므로 양명의 종지가 용납되지 못했던 것이다. 중국의 학문이 언제나 권력자에 의하여 지배되고 변모된 사실은 서양의 학술이 언제나 민중에 의해서 창도되고 지배된 것과는 좋은 대조를 이루니, 이는 동양 문화의 병폐로 일컬어지고 있다. 더구나 염대의 학문이 먼저 刻苦함을 주장하고, 권력자들에게는 일종의 설법을 위주하였으므로, 애초 이 학문에 뜻을 두려는 자는 자연 가난과 고통을 예상하지 않을 수 없었다. 권력자의 박해를 무릅쓰고 학문을 적개하여 민중을 이끌기에는 너무나 역부족이었다.

明末로부터 淸初에 들어와서 양명의 후계자로 들 만한 세 학자는 孫夏峰·황이주·이이곡이다.

손하봉의 字는 啓泰, 이름은 奇逢이다. 황이주는 자가 太沖, 이름은 宗羲, 이이곡의 자는 中孚, 이름은 容이다.

손하봉은 北直 容城 사람으로 처음에는 俠氣를 부렸고, 권신 魏忠賢의 위엄 아래 많은 충신과 직언하는 선비들이 위기에 빠질 때마다, 몸소 나서서 분주히 구출운동을 폈으므로, 이로써 그 이름이 천하에 알려졌다.

그 뒤로 의협을 고쳐 학문을 탐마하여 대학자로 명성을 떨쳤는데, 그렇다고 해서 그 기백이 변모된 것은 아니었다. 그는 隱然히 책임감이 강하여, '산다는 것은 순리에 따름을 귀히 여기는 데 있으며, 죽는다는 것은 편안함을 귀하게 여기니, 결코 죽음으로써 책임을 면하려 하지는 않으리라'고 항상 말하였는데, 순리니 安穩이니 하는 것은 모두 양지를 표준으로 한 말이다.

그리하여 필부도 그 뜻을 '함부로 빼앗을 수는 없는 것'인데 이를 가리켜 造命이니 立命이니 한다. 이 말은 한 사람의 확고한 뜻이 능히 천하를 움직여 돌려놓고야 만다는 양명의 기백을 보인 것이다.

그는 정신이 강하고 기백이 뛰어나서, 선비로서는 죽음을 받을지언정 욕을 참는 것은 도가 아니라고 하였다. 그리하여 청나라 명신 湯斌이 夏峰의 제자라고 일컫는 것을 보고 결코 나의 문도가 아니라고 일갈하였다.

황이주는 양명과 같은 태생의 후학이다. 그의 아버지 黃尊素가 간언하다가 위충현 등에게 죽었으므로, 충신의 遺孤로 자라면서 어릴 적부터 스스로 강개한 성품을 길렀다. 그는 19세 때 소매 속에 철퇴를 감추고 북경으로 가서, 아버지의 원수를 쳐서 거의 죽게 하였으니, 이로 인하여 그 기개와 절개가 이미 세상을 울린 바 있었다. 또 畵江 전투에 참가하여 동리의 자제 수백 명을 규합하여 '世忠營'이라고 명명하여 淸朝에 대항하였으나, 손자들의 호응에도 불구하고 江上軍에게 패하여 四明山으로 들어가 산채를 짓고 방어한 일 등은 유명하다. 그는 이렇듯 明朝의 회복을 위하여 싸웠으니, 새 조정의 부름에는 죽음으로써 거절하였다.

황종희는 소년 시절에 유염대의 문하에서 배웠고 항상 保聚說을 말하였다. 그 평생의 종적을 살펴보건대, 유염대의 일상 법도보다는 오히려 왕심재의 정신과 기백을 많이 본받았다 하겠다. 그는 〈明夷待訪錄〉을 지어, 표면적으로는 箕子가 武王에게 전하듯이 천자의 도를 公示한 것처럼 하였으나, 실은 그 정신이 原君篇에 있다. 원군편의 대의를 말하자면, 전제군주의 폐단을 극렬히 평론하여 청나라의 황제에 대한 존경과 의지를 발본색원하자는 주장이었다. 그 사상의 독창성으로 인해서, 중국 사상사에서는 신구학파의 과도기적 인물로서 크게 일컬어진다.

이이곡은 西案 蠡屋(여옥) 사람이다. 아버지 信吾翁이 명나라 崇禎 연간에 汪喬年의 부하로 도적을 토벌하는 데 나갔다가 전사하였으므로, 어린 시절은 외롭고 고생스러운 환경에서 성장하였다. 그러므로 그의 학문도 흔히 스승이나 벗으로부터 배우고 보탠 것이 아니라 오로지 스스로 연구하여 자립하였으니, 그 학문의 탁월함과 절륜함은 손하봉·황이주를 능가하였다.

그는 말하기를, '천하의 大本은 인심이요, 세상의 큰

肯綮(일의 가장 중요한 대목)은 천하의 인심을 제고하고 각성한다'느니, 또는 '인심에 대한 제고와 각성은 학문이요, 학문에 대하여 힘쓸 일은 잘못된 것을 뉘우치는 것이다' 라고 하였다. 그리하여 그는 '悔過自新'을 종지로 삼았다.

"허물을 뉘우치되 그 근원을 찾아 제거하라. 모든 과오의 뉘우침을 자기 신상에서 하지 않고 그 심상에서 해야 한다. 심상에서 뉘우치려면 반드시 그 생각의 움직임에서 구할 것이며, 이러한 뒤에라야 과오를 알아서, 스스로 뉘우치고 고쳐져 저절로 새로워지는 것이다."

그는 일찍이 아버지의 시체를 찾으러 나섰으나 뜻을 이루지 못하자, 官民들이 二曲의 지성에 감동하여 信吾翁의 사당을 지어 주었다 한다.

또 청나라 조정으로부터 부름을 받았으나 곧 칼을 뽑아 자기의 목을 찔렀으므로, 그가 다시 소생한 뒤로는 조정에서도 더 박해가 없었다. 만년에 이르러 토굴 속에서 苦節의 일생을 마쳤는데, 그 이후로는 顧炎武만이 그의 학문을 계승하였다.

고염무의 자는 甯人, 호는 亭林인데 江蘇 崑山人이다. 그가 양명학의 계보에 드는 것은 너무 소원한 듯하나, 평생의 학문과 행적을 볼 때 명대의 정신이 그대로 살아 넘치니, 마지막으로 그의 사상과 행적을 더듬어 볼까 한다.

그는 明代 양명학파의 末流들에 의하여 피폐된 유학의 전통을 고증하기 위하여 생겨난 고증학의 鼻祖라 일컬을 만큼 박학다문함을 짐작할 수 있다. 그의 학문은 황이주처럼 근세 학술 사상의 이채라고 할 정도로 진보적이며 응용적이었다. 저서로는 〈日知錄〉과 〈天下郡國利病書〉 등이 있으나, 그 내용을 여기에 소개할 수는 없고, 그 위인을 파악함으로써 그의 학문적 정신을 짐작하게 될 것이다.

고염무는 명나라가 망하고 청나라가 창업한 이후, 과도기에는 향리에 들어가 義를 주장하여 魯王(명나라의 망명정부)의 監國을 도왔다. 노왕이 패하자 해외로 나가려 하였으나 뜻을 이루지 못하고, 드디어 사방으로 유랑하는 신세가 되었다. 老陵에 여섯 번, 思陵에 여섯 번 배알하고, 마지막에는 섬서성 華陰에 들어앉게 되었다. 화음은 山河를 통할하는 입구이므로, 문을 나서지 않아도 천하 사람을 볼 수 있었고 천하의 일을 들을 수 있었으며, 적이 오면 산 속으로 들어가 지세의 이점을 따라 지킬 수 있었다. 사방으로 나갈 마음이 생겨 관문을 나서게 되면 쉽게 길을 떠날 수도 있었다. 그리하여 가난한 고장에 갈 때마다 그곳 사람들을 불러 곡절을 물었다고 한다.

역사가들은 말했다.

"經世의 지략을 지닌 선생으로서 한 번도 성공을 보지 못했지만 가는 곳마다 그것을 시험해 보았다. 전답을 개간하고 갈아서 측량한 일이 천 번이나 되며, 별도로 저축을 장려하여 유사시에 대비하게 하였다. 아아, 그의 뜻이 어찌 거기에 그치고, 그의 재능이 어찌 거기서 머물렀던가."

王不菴이 말했다.

"침통한 마음을 알고, 분주하게 사방으로 돌아다니면서 호소하기를 수십 년, 그러나 한 번도 충심을 토로할 만한 곳이 없었다. 후세의 선비들은 그분이 박학다문하면서도 심한 모욕을 당하였다고 추측할 뿐이다. 고향을 그리워하면서도 객사를 감수하였으니 아아, 참으로 슬픈 일이다."

이리하여 양명의 정신은 고염무에 이르러 보편화하고 그 眞傳이 귀착되었다.

왕양명 연보

1472년 (明 憲宗 成化 8년)
 9월 30일 餘姚의 瑞雲樓에서 출생.
1476년 (5세)
 이름을 雲이라고 하다가, '守仁'으로 고치다. 말을 하기 시작.
1481년 (10세)
 아버지 華가 進士試에 장원하여 상경.
1482년 (11세)
 아버지의 부름을 받고 조부와 함께 北京으로 가서 몇 년 동안 머무름.
1484년 (13세)
 어머니 鄭氏의 상을 당하여, 이로부터 계모의 손에서 성장.
1486년 (15세)
 아버지 친구를 따라 만리장성의 居庸關에 놀러갔고, 저 유명한 伏波將軍 馬援에게 師事. 이 해에 畿內에 폭도가 일어났는데 15세의 소년으로 상소하여, 군사 1만 명을 거느리고 출정하겠다고 하다가 부친에게 꾸지람을 듣는다.
1488년 (孝宗 弘治 元年, 17세)
 江西의 布政司 參議 諸養和의 딸을 맞아 장가듦. 장가드는 첫 날밤에 신랑의 몸으로 鐵柱宮에 가서 道士를 만나 밤을 새우면서 仙家 공부에 열중.
1489년 (18세)

부인 諸氏와 여요로 돌아오는 도중, 婁一齋를 만나 학문을 토론. 이 사실은 양명의 心的 향방을 정하는 데 계기가 되다.

1492년 (21세)

조부가 북경에서 별세. 이 해 가을에 浙江의 鄕試에 급제.

1496년 (25세)

龍泉山에다 詩舍를 짓고 문우들과 어울려 세월을 보내다.

1497년 (26세)

다시 북경으로 올라가 兵法을 공부하다.

1498년 (27세)

道家의 養生說을 공부하다.

1499년 (28세)

會試에 합격. 欽差官이 되어 威寧伯 王越 묘의 造墳工事 감독으로 임명되다.

1500년 (29세)

刑部 雲南淸吏司 主事에 임명되다.

1501년 (30세)

江北에 부임하여 獄事를 다스리다.

1502년 (31세)

병으로 휴가를 얻어 여요로 돌아와 陽明洞에 精舍를 짓고 道家의 導引法을 공부하다. 그러나 훗날 도교와 불교는 人情에 어긋나는 것임을 깨닫다.

1503년 (32세)

양명동을 떠나 西湖의 물가에 萬居하면서 유유히 심신을 수양.

1504년 (33세)

다시 벼슬에 나가서 山東의 鄕試를 주관. 9월에 兵部의 武選淸吏司 主事가 되다.

1505년 (34세)

門人을 모아 講學을 시작, 甘泉 湛若水와 交遊하다.

1506년 (武宗 正德 元年, 35세)

宦官 劉瑾의 죄상을 상소하여 투옥된 載銑과 薄彦徽를 구출하려다가 杖刑을 맞고, 龍場의 驛丞으로 좌천되어 謫所로 쫓겨나다.

1507년 (36세)

귀양가는 길에 그를 죽이려는 유근의 계획을 눈치채고 기구하게 탈출하여, 여러 번 死境을 넘은 끝에 용장으로 향하다.

1508년 (37세)

용장에 도착하여 가시덤불을 헤치고 움막을 짓고 자리잡다. 또 龍岡書院을 세우고 독서에 잠심하며, 그 지방 土人들을 교화시키는 한편, 여기에서 격물치지의 이치를 깨닫다.

1509년 (38세)

貴陽의 提學副使 元山의 초빙으로 귀양서원을 맡아 학생들을 가르치다.

1510년 (39세)

廬陵縣 知縣에 승진되어 江西로 가다. 12월, 南京 刑部의 四川淸吏司 主事로 승진.

1511년 (40세)

1월에 吏部驗封淸吏司 주사가 되었다가 2월에 會試의 考試官이 되고, 다시 10월에는 文選淸吏司 員外郞에 승진되다.

1512년 (41세)

3월에 考功淸吏部 郞中에 임명되고, 또 12월에는 南京 太僕寺 少卿으로 승진. 제자 徐愛를 위하여 매우 새로운 견지에서 〈대학〉을 강론. 〈전습록〉 상권의 전반을 이때 기록하다.

1513년 (42세)

여러 곳의 勝景을 두루 찾으면서 서애 등 제자들과 내면적 학문을 담론. 10월에 任地인 安徽省 滁州에 도착. 산수가 아름답고 閑職이었으므로, 제자들을 데리고 瑯琊山과 瀼泉·龍潭 등지로 돌아다니면서 講學에 힘쓰다.

1514년 (43세)

4월에 南京 鴻臚寺卿으로 승진. 5월 남경에 도착하자 많은 제자들이 모여들었는데, 이때부터 '극기' 가르치기 시작하다.

1516년 (45세)

9월에 都察院 左僉都御史로 승진. 流賊들이 들끓는 강서의 南贛과 福建의 汀州·漳州 지방을 巡撫하여, '十家牌法'을 쓰고 또 '諭俗四條'를 반포하다.

1517년 (46세)

1월부터 이듬해 3월 사이에 江西·福建省 등의 叛徒들을 소탕. 陣中에서도 학문을 강론하다. 9월에는 南贛·汀·漳州 등의 軍務를 맡고 12월에는 南康으로 돌아오다.

1518년 (47세)

7월에 古本〈大學〉및〈朱子晩年定論〉을 간행. 8월에는 제자 薛侃이〈전습록〉초본을 虔州에서 간행. 9월에 濂溪書院을 重修. 이 해에 서애가 죽다.

1519년 (48세)

寧王 宸濠의 반란을 토벌하여 그를 체포하고 강서를 평정하다.

1520년 (49세)

御命으로 신호를 호송. 상경하려 했으나 간신들의 방해로 중지되고 南昌으로 돌아오다.

1522년 (世宗 嘉靖 元年, 51세)

1월에 상소하여 자신의 封爵을 사양. 2월에 부친 龍山公이 77

세로 별세. 이때부터 몇 해 동안 講學의 최융성기로 들어선다.

1523년 (52세)

門徒들이 무수히 모여들기 시작. 향리에서 강학에 전념하다.

1524년 (53세)

문도들이 운집. 10월에 南大吉이 〈전습록〉續錄을 간행한다.

1525년 (54세)

부인 諸氏 별세. 새로 張氏를 後娶. 10월에 문인들이 회계에 양명서원을 건립. 稽山書院을 비롯하여 龍天寺의 中天閣, 安福의 惜陰會 등이 생기다.

1526년 (55세)

후취 장씨에게서 아들 正億 출생. 계속하여 講學에 전심하다.

1527년 (56세)

4월에 鄒守益이 〈文錄〉을 황덕사에서 간행. 5월에 다시 廣西에 반란이 일어나자 조정에서는 그를 都察院 左都御史에 임명하여 叛徒를 토벌케 하다. 이때 그의 폐결핵은 점점 중태. 그러나 일행이 廣信府에서 배를 타고 南浦에 닿았을 때, 그를 추앙하던 군중들이 운집하여 환호. 여기에서 〈대학〉을 강론하다.

1528년 (57세)

평화적으로 思州와 田州를 진압하고, 그 지방 居民들을 교육. 7월에는 八寨斷藤峽을 쳐서 수만 명의 猺族들을 소탕. 10월에 病暇를 냈으나 좌절. 11월에 大庾嶺을 넘어 南安에 도착. 이 달 28일에 배가 靑龍浦에 정박. 이튿날 29일 아침 辰時에 卒. 12월 4일 유해가 배편으로 南昌에 운반되다.

1529년 (가정 8년)

1월에 남창에서 發靷하여 2월에 회계에 도착. 11월에 洪溪 땅에 안장되다.

〈참고 문헌〉

傳習錄 ·· 王 陽 明
陽明學演論 ··· 鄭 寅 普
論中國學術思想變遷之大勢 ················ 梁 啓 超
陽明先生則言 ····································· 薛　　侃
明儒學案 ·· 黃 宗 義
王陽明研究 ·· 安岡正篤

저자 약력
현 독립운동사 편찬위원회 집필위원
　민족문화추진회 국역위원

저　서
≪鵝溪先生略傳≫≪4書3經入門≫(서문 문고135)
≪獨立運動家 30인전≫(서문문고 196)
≪尹奉吉傳≫(서문문고 205)

역　서
≪三國遺事≫≪兩班傳≫≪讜議通略≫
≪燕岩選集≫≪孔子家語≫≪懲毖錄≫
≪海東野言≫≪牧隱先生集≫≪四溟大師集≫
≪旬五志≫≪千字文≫≪父母恩重經≫≪目連經≫
≪擊蒙要訣≫≪孝經≫≪孟子≫(서문문고 109-110)
≪**春香傳**≫(서문문고 116)≪**書經**≫(서문문고 155)
≪**韓國漢文小說選**≫(서문문고 166) 외 다수

양명학이란 무엇인가 〈서문문고 255〉

초판 발행 / 1976년 12월 20일
개정판 1쇄 / 1997년 8월 30일
옮긴이 / 이 민 수
펴낸이 / 최 석 로
펴낸곳 / 서 문 당
주　소 / 서울시 마포구 성산1동 20-12호
전　화 / 322-4916~8 팩스 / 322-9154
등록일자 / 1973. 10. 10
등록번호 / 제13-16

* 잘못된 책은 바꾸어 드립니다